SV

Bohumil Hrabal,
1987

Bohumil Hrabal
Wer ich bin

In Erinnerung an Bohumil Hrabal
besorgt von Susanna Roth

Suhrkamp

Der Suhrkamp Verlag dankt Susanna Roth,
die kurz vor Drucklegung dieses Buches starb.

Erste Auflage 1998
© Suhrkamp Verlag Frankfurt am Main 1998
Alle Rechte vorbehalten
Druck: MZ-Verlagsdruckerei GmbH, Memmingen
Printed in Germany

Inhalt

Siegfried Unseld
Das große Fragezeichen
des Wunderbaren

Ich hatte nicht erwartet, daß Bohumil Hrabal am Morgen des 14. April 1988 am Prager Flughafen warten würde, um uns abzuholen. Fast zufällig sah ich eine Erscheinung, die mich freilich zuerst und zunächst an Papst Johannes Paul, an Woityła, an den Schauspieler erinnerte, aber dann war es doch der alte Meister, der sich freute über meine Freude, ihm wiederbegegnen zu können. Wir fuhren ins Hotel, das Taxi bezahlte er, legten unsere Sachen ab, und sogleich ging es zur ersten Station unserer Reise, dem jüdischen Friedhof. Die bizarr eingekeilten, aufeinandergeschichteten Gräber kann ich, seitdem ich das zum ersten Mal sah, nicht vergessen. Am Grab des Rabbi Löw stehen wir staunend, hat er damals schon den computergesteuerten Roboter erfunden? Als wir unsere Bildung zeigen wollten und Rilke zitierten: »Weiser Rabbi, hoher Liva, hilf uns aus dem Bann der Not«, meinte Hrabal, immerhin, der Weise habe seine Tochter in die Not verstoßen, weil sie einen Christen liebte! Wir wandern über den Altstädter Ring, vorbei an Kafkas Geburtshaus, an dem Kleinsthaus, das Ottla für ihn gekauft hat. Wir schlendern über die Karlsbrücke. Vor der Statue des heiligen Nepomuk bleibt Hrabal stehen: Man muß die fünf Sterne um sein Haupt sehen, auf ihnen stehen die Buchstaben t − a − c − u − i: ich habe geschwiegen. Auch Hrabal kann das sagen, ich habe geschwiegen. Dann fragt er mich doch, ob ich wüßte, daß Nepomuk sich geweigert habe, dem König Wenzel die

Beichte seiner Gattin zu offenbaren, und deshalb sei er gefoltert und in der Moldau ertränkt worden, die fünf Sterne sind Zeichen der Lichterscheinung in der Moldau, die zum Auffinden der Leiche geführt und die spätere Verklärung Nepomuks bewirkt haben, die des Märtyrers, des Beichtgeheimnisses, des Patrons bei Wassernot und schuldloser Verdächtigungen. Wie sehr wir Tschechen einen solchen Patron brauchen, meinte Hrabal, wie oft sind wir solchen schuldlosen Verdächtigungen als Bedrohungen ausgesetzt. Freilich, Hrabal lacht und zitiert die Fürstin Libuše aus dem 6. Jahrhundert:»Das tschechische Volk soll nie sterben.« – Wir begleiten Hrabal noch zum Goldenen Tiger, seiner Stamm-, Haus-, ja seiner Heimatkneipe; Frauen drängen sich an ihn, seine mitleiderweckende Alleinigkeit zieht barmherzige Schwestern und hilfsbereite Mütter an; doch meist sitzt er da hinter seinem Bierglas und schweigt. Hört zu, wie die Leute um ihn herum reden, das sind die »Bafler«, sie sprechen ihre Sprache, nicht Umgangssprache, sondern einen Slang, über den Hrabal reflektierte:»Der Slang stört die Sprache schöpferisch in Richtung Überraschung, Verfremdung, Unverhofftheit. Slang ist Abwehr des Konventionellen und Erstarrten, ist Bemühung um Verbotenes, ist Experiment in und mit der Sprache, ist manchmal auch Ironie und Provokation.« Hrabal braucht das Hören dieser Sprache. Gerade an diesem Ort glaubt man ihm, wenn er sagt, er könne nie sein Land verlassen. Dieser Einzige, der von den Großen der sechziger Jahre heute noch in Prag lebt, will nicht ins Ausland, will nicht ins Exil. Aber Prag – der Goldene Tiger – dies ist sein Exil.

Am nächsten Morgen fahren wir früh zu dem neuen jüdischen Friedhof, um Kafkas Grab zu besuchen, doch der

Friedhof ist geschlossen; wir umfahren ihn, Hrabal weiß, wo man an der Begrenzungsmauer dem Grabe am nächsten kommt; er sucht zwei Steine und wirft sie über die Mauer auf Kafkas Grab. Wieder am Altstädter Ring, immer noch das Herz der Stadt. Hrabal zeigt uns den Salon der Frau Berta Fanta, wo früher tschechische Dichter aus- und eingingen, wo Kafka mit Einstein zusammentraf. Unübersehbar das Rathaus, die astronomische Uhr, die Häuser aus der Zeit der Gotik und des Barock. In der Mitte des Rings das Denkmal des Jan Hus; wir mußten schnell an ihm vorübergehen. Hrabal liebt weder das Denkmal noch den, der auf dem Stein steht. Jan Hus sei zu fanatisch gewesen und sein, das in Konstanz gesprochene und die Hinrichtung auslösende »Nein zur Lüge« sei doch wirklich zu wenig menschlich. So leuchtete es in Momenten auf, das Wunder von Prag, fast zur selben Zeit haben in verschiedenen Sprachen Kafka den *Prozeß* und Hašek den *Schwejk* in benachbarten Gassen geschrieben, der Unbedingte und der listig Überlebende; es gibt es also noch, Rilkes Prag, Mozarts Prag, Smetanas Prag, Keplers Prag; es gibt nicht mehr das Prag der sechziger Jahre, das ich noch erlebte, das Feuerwerk künstlerischer Hochleistungen wie die Filme Formans, Krejčas Inszenierungen, Holans Gedichte, Havels Stücke, eben die »Bafler« und die *Tanzstunden für Erwachsene und Fortgeschrittene.* Hrabal geht mit uns durch das Museum Prag, doch dies Alte, das den Charme dieser Stadt ausmacht, das Zerbrökkelnde, nicht Renovierte, erzeugt auch Staub, der sich wie ein Schleier über Fenster, Straßen, Autos legt. Und ein Schleier des Bedrücktseins liegt auch über den Menschen, die doch Weltmeister im Überleben und Weltmeister im Freundlichsein sind. In der Meiselgasse habe Apollinaire, so Hrabal, den ewigen Juden getroffen, und

in der Nepomuk-Kapelle der Nikolauskirche habe Apollinaire vor den böhmischen Edelsteinen gestanden und in
ihrem Spiegel tief erschrocken sein eigenes Gesicht ent-
deckt, das Gesicht der Eifersucht. Wir waren Stunden bei
den böhmischen Madonnen und waren hundemüde, als
Hrabal uns aufforderte, eine Sammlung von Monstranzen in einem Kloster des Hradschin anzusehen. Wir
zögerten, folgten ihm schließlich, er zog uns durch eine
Gegend, in der es noch viele deutsche Aufschriften gab;
sonst in Prag versucht man ja aus verständlichen Grün-
den das Deutsche zu löschen, ganz gelingt es nicht, denn
aus der Moldau kann man doch schwer die Vltava machen, denn nur im Grunde der Moldau, nicht in dem der
Vltava, wandern die Steine, und drei (deutsche) Kaiser
liegen begraben in Prag... Wir Tschechen, meint Hrabal,
sind Chauvinisten, das soll man nicht vergessen. Sein
Blick in die Geschichte: die Germanen, die Deutschen
kamen und gingen oder wurden gegangen, die Slawen
kamen und blieben; auch jetzt würde bleiben, was ist;
freilich, der Streit, wer mächtiger ist, Politik oder Geschichte, sei noch nicht ausgefochten... Dann im Kloster
die Sammlung der Monstranzen; in der Massierung
haben diese Vasa sacra etwas Monströses, etwas Heid-
nisches. Wer hat sie zusammengetragen, die Nazis vielleicht, die auf Befehl Himmlers auch jüdische Kult-
gegenstände aus aller Welt in Prag als Dokumente einer
ausgestorbenen Rasse sammelten? Vergangenheit, Erinnerung, Schuldgefühl. »Meine Texte«, so hat Hrabal einmal geschrieben,»sind vorläufig die Strafe dafür, daß ich
zwischen Verbrechen und Schuldlosigkeit schwanke und
die endgültige Abrechnung wie auch den Urteilsspruch
hinausschiebe ... Erst jetzt schlage ich die Hände über
mir zusammen, wenn ich mir meine Vergangenheit be-

wußt mache, ich kann mir selbst keine Absolution erteilen, und so bin ich wenigstens standhaft darin, daß ich durch den Text und im Text das Gefühl meiner Schuld trage. Und dabei lächle ich schief. Das ist mein Galgenhumor... meine Prager Ironie.« Und wieder taucht Hrabal in den Goldenen Tiger ein, diesmal gesprächig, man kann sich vorstellen, wie er anfängt, in einem einzigen Satz seine satzzeichenlosen *Tanzstunden* zu erzählen:»Wie jetzt zu Ihnen, mein Fräulein«, es ist jene Paraphrase auf Joycens Monolog, von dem Hrabal meinte, »dieses Schlummerlied ohne Interpunktion sei deshalb ohne Interpunktion, weil Joyce in Frau Molly die Erde symbolisieren wollte, die bekanntlich keine Grammatik kennt«. Und er stellt mich am Tische den Leuten vor, die da hinter ihrem Bierglas sitzen, ich sei sein deutscher Verleger, erinnere ihn an Odysseus, weil ich immer auf Reisen sei und dann doch immer wieder heimkehre. »Der Goldene Tiger ist eine so heiser geschrieene Kneipe, eine kleine Universität, wo die Leute sich unter dem Eindruck des Biers Geschichten und Begebenheiten erzählen, die die Seele verletzten, und über den Köpfen schwebt in Form von Zigarettenrauch das große Fragezeichen des Absurden und Wunderbaren im menschlichen Leben.« Wir ließen ihn dort und gingen in der Dämmerung in Richtung auf unser Hotel, Prag in der Stunde der Dämmerung, in der Stunde »zwischen Hund und Wolf«; gerade jetzt dominierte die Moldau, die ganze Stadt scheint auf sie ausgerichtet zu sein. Und am Abend die Lichter, sie zeigen doch ein kleines Stückchen des goldenen Prag.
Bei alledem: ein Dichter im Exil im eigenen Land, das erlebte Aufscheinen dessen, was einmal war, die Gegenwärtigkeit der Hrabalschen Motive und Figuren, Wirk-

lichkeit und Fiktion, das Vermeiden des Neins der Lüge –
wir konnten nicht viel über seine eigenen Arbeiten sprechen, ich wollte ihm zum 75. Geburtstag eine Gesamtausgabe vorschlagen, zwölf Bände würde sie mindestens
umfassen, er wehrte ab, nein, keine Gesamtausgabe, nur
eine Auswahl. Bekenne er sich nicht zu all dem, was er
geschrieben habe? Doch. Aber sein Bekenntnis sei das
eine, das andere das, was ihm wirklich überlieferungs-
fähig erscheine. Bitte, so bedrängte er mich, nicht gesammelte, sondern ausgewählte Werke; doch auch die Auswahl wollte er selbst nicht treffen, Susanna Roth sollte
dies tun und sie mit uns diskutieren. Ich deutete ihm als
Überraschung eine *Hommage à Hrabal* an, sie sollte eine
Collage werden aus Texten von ihm,»Wer ich bin«, und
Texten über ihn,»Wer er ist«: Gespräche, Erinnerungen,
Essays, Erzählungen und dann Bohumil Hrabals Leben
in Bildern. Er zögerte, ein solches Ruhm- und Preis-Buch
sei doch wohl nur für einen Autor, der gestorben sei, für
einen»toten Autor« also. Ich widersprach dem und
konnte da auf Beispiele im eigenen Verlagshaus verweisen, auf Beckett und Frisch. Ihn freuten die Bilder zu seinem Leben. Er übergab mir noch ein Photo, das ihn als
Reiter zeigte. Ritter, Tod und Teufel. Oder: Reiter über
den Bodensee?
Früher Morgen, letzter Morgen.
Wir sind auf der Karlsbrücke verabredet. Schon Menschen auf der Brücke, schon Gewimmel, Kinder klettern
an den Heiligenstatuen empor. Jubeln, Schreie, Paar um
Paar geht an uns vorbei, Milá Holka, Hezká Holka, singt
ein Glasglockenverkäufer und läutet.
Wo ist Hrabal?
Vor dem heiligen Nepomuk steht eine Schulklasse, und
die Lehrerin sagt: Johann von Nepomuk ist in Pomuk, im

Süden Böhmens, um 1350 geboren. Er studierte Jura in Prag und Padua, leistete 1386 seinen juristischen Doctor decretorum, wurde Kanonikus, Archidiakon und später Generalvikar des Erzbischofs.

Aber wo ist Hrabal?

Und die Lehrerin sagt: Nepomuk geriet in Streit mit dem König Wenzel und wurde am 20. März 1393 in die Moldau gestürzt.

Und wo ist Hrabal?

Die Lehrerin sagt: Nepomuk wurde 1729 heiliggesprochen und ist heute der Schutzpatron der Flößer, Schiffer, Müller, der Patron der Verteidiger des guten Rufs.

Aber wo ist Hrabal?

Und wie die Lehrerin mit ihrer Schulklasse zum nächsten Heiligen geht, sehen wir, daß da zu Füßen des Nepomuk ein alter Mann sitzt. Ist er alt? Ist es ein Mann? Ist es Hrabal? Ist es Dr. jur. Hrabal, Verteidiger des guten Rufs seiner Landsleute? Oder ist Nepomuk aus seinem Abbild herausgestiegen? Wessen Geschichte hat die Lehrerin erzählt? Ist die Zeit zurückgelaufen? Ist sie stehengeblieben? Steht sie still? Wir sind in Prag. Das ist Hrabal. Der Humane. Der Anti-Ideologe im Ideologiemorast. Er, Ritter ohne Furcht. Wir Deutsche, wir haben oft Furcht, jene Angst, die ohne historische Notwendigkeit die Krise heraufruft. Er: »Und dieses Leben ist trotzdem schön, zum Verrücktwerden schön. Nicht daß es das wäre, aber ich sehe es so.«

Wir verlassen die Brücke, die Uhr im Judenviertel läuft rückwärts. Er führt uns daran vorbei zum Jesuitenseminar. Er hat dem Glasglockenverkäufer zwei Glocken abgekauft, er läutet sie und schenkt sie uns. Gegenüber dem Jesuitenseminar haben die Hurenhäuser gestanden, sagt er. – Geistlichkeit und Prostitution so nah beisammen, wie verträgt sich das, frage ich. So brandet an die Klosterpforte das ganze Elend dieser Welt, schrieb Rilke ernst, und Hrabal antwortet fröhlich mit dem Hinweis auf das Erzbischöfliche Bordell zu Salzburg. Hat der Rabbi den Stab gehoben und aus dem Heiligen den Satyr gemacht?

Wir gehen zurück zur Brücke, wir steigen ins Auto, wir fahren an. Er steht vor der Brücke. Hinter ihm der Torbogen, der Brückeneingang. Er hebt eine Hand zum Gruß, dann beide Hände, segnet er uns? Gibt der Heilige Vater, der Woityła, der Schauspieler, der Schutzpatron, der Verteidiger des guten Rufs uns seinen Segen? Oder fallen ihm seine frühen Gedichtzeilen ein: »Man kann uns nicht von der Freiheit entlausen. Brüder.« Wir fahren, und er steht mit den erhobenen Händen in der Ferne, wird zur Statue, eine von den vielen, die dort stehen, geht über in den Kreis der Heiligen, in den Stein, in den Stoff, aus dem sein Prag gemacht ist.

Bohumil Hrabal,
1996

Wer ich bin

1

Es würde mir im Traum nicht einfallen, die politischen Verhältnisse, in denen ich lebe, verändern zu wollen. Niemals habe ich mir gewünscht, die Sprache oder die Welt zu verändern, wenn ich Marx, wenn ich Rimbaud, wenn ich Mallarmé zitierte, wollte ich immer nur mich verändern, denjenigen, den ich in greifbarer Nähe hatte, mich selbst. Daher betrachte ich mich stets als Zeugen, niemals als schlechtes Gewissen der Zeit, dazu hat es nie gereicht, denn ich war von Kindheit an voller Bewunderung für die Wirklichkeit, die nicht ich geschaffen hatte, die bereits da war, bevor ich es war, ich, der ich mir nichts anderes wünschte, als sie widerzuspiegeln, weil selbst die furchtbarsten Ereignisse so viel Schönheit für mich hatten. Immer war ich dieser Schellenober, der mit der Schelle in der Hand unter der Sonne spaziert, und diese scheinbare Narrenkappe begleitet mich bis heute. Ich fühlte mich immer dadurch geehrt, daß ich als Fahrdienstleiter Zeuge des Zweiten Weltkriegs war, ich traute meinen Augen nie, so erschütternd waren diese drastischen Ereignisse, ebenso wie damals, als der Krieg zu Ende ging, da sah ich so viel schönes Entsetzen nebeneinander und hatte Anteil an so viel Leid in der Liebe, daß ich deswegen noch heute schlecht schlafe, denn mein scheinbar gewöhnliches Leben ist an sich schon dramatisch. Ich fühle mich dadurch geehrt, daß ich mit diesem Volk lebe, an dessen Qualitäten ich ebenso zweifle wie an meiner Moralität, eigentlich bin ich ein wenig ein Lästerer, ein Ketzer in den Dingen, durch die dieses Volk in

17

einer gewissen idealen Ordnung lebt, auf die es hofft, die schließlich sogar auf seinem Wappen stehen, ich bezweifle sehr, ob die Wahrheit siegen wird, ich zweifle sehr daran, daß wir ein Volk sind, das sich die Wahrheit wünscht und seine Hoffnungen darauf setzt, ohne daß ich deswegen jenen die Größe abspreche, die diese Wahrheit geprägt und dafür bezahlt haben, wie Magister Jan Hus, wie der gute Georg von Podiebrad und letztlich auch Professor Masaryk. Nun lebe ich in eingeschränkter Souveränität, die Breschnew uns als unsere Wahrheit klargemacht hat, und dieser Satz stört mich nicht, ebensowenig wie jener, daß die Wahrheit siegen wird. Ich lebe genau so, wie ich gelebt habe und auch dann leben würde, wenn auf der Burg der Statthalter der Habsburger herrschte. Ich habe, um mich selbst zu schmieden, so viele Qualen mit mir selbst und so viele Qualen mit meinen Nächsten, daß ich keine Zeit habe für irgendwelche Veränderungen der politischen Verhältnisse, ja ich weiß nicht einmal, wovon jene sprechen, die sich diese Veränderungen herbeiwünschen, denn ich möchte nur mich selbst verändern, ich wünschte mir, jene Himmel zu erreichen, in denen ich von mir sagen könnte, ich bin, wer ich bin... Ich bin nur mein eigenes schlechtes Gewissen, vorläufig. Von allem, was mir zugestoßen ist, habe ich stets gedacht, daß es nur mir zustoßen könne, darum habe ich das, was ich zu schreiben begonnen und was ich fertig geschrieben habe, immer präsentiert, als hätte es jemand anders geschrieben, so verlegen haben sie mich gemacht, meine ersten Texte, daß ich mich dafür schämte. Erst als ich dann in die Welt hinauszog und lernte, mich den anderen hinzugeben, als ich mich in der Kneipe freute, daß das, was nur mir zugestoßen war, auch anderen zustieß, erst das machte mir dann Mut, weil ich trotz allem nicht so allein

war. Und so habe ich viele Jahre lang den anderen
gelauscht, so daß meine größten Geheimnisse, meine
größten Unverschämtheiten, meine größte Verlassenheit
und auch meine so zärtlichen Vertraulichkeiten nicht nur
meine heimlichen Gebrechen sind, sondern auch die der
anderen, mit größerer Intensität, mit größerer Spannung
oszillieren sie in ganzen Gruppen, so daß ich angefangen
habe, all das, was den anderen zustößt und zugestoßen ist,
als etwas anzusehen, was mir zugestoßen ist, ich freue
mich um so mehr, wenn es mir dann tatsächlich zustößt,
und so gebe ich das, was den anderen zugestoßen ist, lieber sofort als etwas Eigenes aus. Und auf diese Weise
festigte ich mich irgendwie in den anderen, irgendwie bekam ich den Mut, auf dünnes Eis zu treten, auf ein Dach,
durch das die Seele einzubrechen drohte, ich ermunterte
mich, all das, von dem ich glaubte, es gehöre allein mir,
in den Kneipen zu suchen. Meine Kneipen, sie waren nie
ein Büro, nie eine Art Beichtstuhl, ich bin nicht nur in die
Kneipen gegangen, um Fragen zu stellen, sondern auch,
um einfach so dazusitzen und nicht Gewalt zu üben, damit ich mich nicht benehme wie Reporter, wie Mei-
nungsforscher, so saß ich also da und trank und lauschte
und wartete, bis auf einmal irgend jemand nicht absicht-
lich, sondern unter dem Eindruck des Augenblicks selbst
zu erzählen anfing, so wie ich, wenn ich mich nicht an die
Schreibmaschine setzen will, jedoch es muß, so also begann auch jener andere von etwas zu erzählen, was un-
sozial, empörend, ja sogar widerlich schien, was Mord,
was Unzucht nahekam … in solchen Momenten in der
Kneipe habe ich das Gefühl, zu mir selbst zu sprechen, als
mein öffentlicher Ankläger und Beichtvater zugleich,
daß all das, wovon ich glaubte, es sei einzig und allein nur
mir selbst zugestoßen, etwas Allgemeines ist, daß sogar

dieser Erzähler und Selbstankläger nur gekommen, nur geboren worden ist, um mir zu helfen, meine Andersartigkeit, meine Eigenheiten, meine geheimsten Wünsche und Perversionen zu tragen... Ich versuche, mein tiefes Nichtwissen dadurch zu erlangen, daß ich mein Bewußtsein so gut wie möglich ins Unterbewußtsein verschiebe und erst dann versuche, mein vergangenes Leben mit der Helle des Bewußtseins zu beleuchten, um mich selbst zu retten, um langsam zu genesen. Meine Literatur und folglich meine Texte sind nichts anderes als die Suche nach meiner verlorenen Zeit, ich bin verblüfft darüber, zugleich aber amüsiert es mich, deshalb hebe ich das Vergnügliche an meinen Texten derart hervor, ich amüsiere mich selbst an der Schwierigkeit einer solchen Suche. Ich betrachte alle meine Retardationen keineswegs als gewollt, bemühe mich nicht, das zu schreiben, was ich weiß, sondern jenes zu erfahren, was ich noch nicht weiß. Ich tue also nicht so sehr, was ich will, sondern was ich nicht will, ich weiß, daß man nicht gegen den Wind pinkeln, daß man sich die Hände nicht an Dingen verbrennen soll, die man nicht löschen kann. Allein stehe ich vor meinem Gericht, und mein inneres Gericht ist ein großes Infragestellen, Anklage und Verteidigung zugleich, ich bin mein eigener Staatsanwalt und mein Verteidiger. Meine Art zu schreiben bringt ein vorzeitiges Kreuzen von Parallelen mit sich, ein Sich-selbst-ins-Wort-Fallen, denn auf mechanischem Weg kann man nicht nach vorn gelangen, nur auf dem Weg des gestörten inneren Monologs, durch ein Eingreifen äußerer Ereignisse. Dadurch aber sind meine Texte mein Weg, um mich von Tag zu Tag, von Monat zu Monat, von Jahr zu Jahr in schöpferischer Spannung zu halten, nicht etwa ad infinitum, sondern bis zu dem Augenblick, da mein letztes Stündlein schlagen

wird, da ich vielleicht die Quittung sehen werde, die
Rechnung für meine Auslagen in dieser gigantischen
Kneipe, die die Welt für mich darstellt. Bislang mache
ich nur Rechnungen ohne den Wirt, bislang weiß ich
bloß, daß ich auf Pump lebe, daß alle meine Auslagen
eingetragen sind auf dem Rahmen einer Tür, die offen-
steht und durch die hindurch ich diese wunderschöne
Welt sehe, von der ich nur das abschreibe, was einmal
mein mildernder Umstand sein wird, obwohl ich genau
weiß, daß ich mir das bloß einrede, denn das, wovon ich
glaube, es könnte meine Schuld verringern, die Schuld
dafür, daß ich lebe, wird eher etwas sein, was mir die
Suppe versalzen, was mich belasten, wofür man mich für
vollkommen schuldig erklären wird... Meine Texte sind
vorläufig die Strafe dafür, daß ich zwischen Verbrechen
und Schuldlosigkeit schwanke und die endgültige Abrechnung wie auch den Urteilsspruch hinausschiebe, daß
ich eben ein bißchen das wurde, was ich schon immer
hatte sein wollen, ein poète maudit. Erst jetzt, da ich vor
mir selbst erschrecke, da ich vor mein Gericht vorlade,
was tief in meinem Unterbewußtsein schlummert, erst
jetzt schlage ich die Hände über mir zusammen, wenn
ich mir meine Vergangenheit bewußt mache, ich kann
mir selbst keine Absolution erteilen, und so bin ich wenigstens standhaft darin, daß ich durch den Text und im
Text das Gefühl meiner Schuld trage. Und dabei lächle
ich schief. Das ist mein Galgenhumor... meine Prager
Ironie.

Ich hatte immer den Vorteil, keine echte Bildung und
kein echtes Wissen zu haben, so setzte ich alles auf das
Erlebnis. Meine Bildung wurde aber nie umgeschmol-
zen, sie konnte sich nie qualitativ verwandeln, nie einen

Sprung anderswohin machen, und dies aus dem einfachen Grund, weil ich immer etwas beknackt war. Und vor allem, weil ich viel lese, ich lese also viel, und wenn ich viel zitiere, dann vergesse ich zu sagen, woher und von wem ich das Gesagte habe. Eigentlich bin ich ein Leichenfledderer, ein Plünderer hehrer Sarkophage. Dergestalt ist mein Charakter, in dieser Hinsicht bin ich ein Neuerer und ein Experimentator, immer bin ich auf der Lauer, wo sich etwas von toten oder lebenden Schriftstellern und Malern stehlen läßt, und dann verwische ich wie ein Fuchs mit der Lunte die Spuren, die zum Tatort führen. Gründlich ausgeraubt habe ich das Grab der Herren Louis Ferdinand Céline, Ungaretti und Albert Camus, des Herrn Erasmus von Rotterdam, des Autors von *Idioten zuerst*, von Ferlinghetti und von Kerouac. Eine Perle auf dem Grund habe ich aus Jakob Boehmes Augen geklaubt, ebenso wie seinen herrlichen Satz − Der Mensch kann sich nicht von seiner Epoche lösen. Die Melancholie der ewigen Bauten habe ich Leibniz entwendet − oder Friedrich Nietzsche? Und aus dem Grab des Herrn Roland Barthes habe ich − Die Kunst macht aus dem Wissen ein Fest − geraubt, das sind nur einige Proben, im Grunde genommen ist jeder meiner vernünftigen Gedanken immer gestohlen, Platons Satz von der Zeugung im Schönen mit eingeschlossen. Doch weiter, was ich auf meinem und nur meinem Sprungbrett auch immer und jemals Schönes geschrieben habe, das haben mir stets die anderen gesagt, ich bin eigentlich ein Taschendieb, der Gäste in Kneipen und Restaurants ausnimmt, genau so, als würde ich ihnen den Überzieher oder den Regenschirm klauen. Der Größte bin ich allerdings im Erschwindeln von Situationen, in denen ich nie war, wenn ich vorgebe, Bücher gelesen zu haben, die ich nicht kenne, wenn ich Begebenheiten bezeuge, die ich nicht erlebt habe, Schwüre leiste, die Meineide sind, wenn ich mit Taten prahle, die ein anderer vollbracht hat, wenn ich so tue, als hätte ich Augenzeugen gesehen, ich bin eine Nutte, die vorgibt, aus Liebe zu lieben, ich bin großmäulig und verschlagen, und lügen ist für mich so natürlich wie für den Fisch das Wasser, das Fegefeuer für meine Sünden muß so groß sein, daß verdiente Knastbrüder und Himmelsvandalen allein nur deshalb ins Paradies eingelassen werden, damit ich endlich an der Reihe bin, ehe ich in die Hölle gestürzt werde. Vor allem aber, mögen dieses Fegefeuer, dieser Himmel, diese Hölle endlich da sein! Damit es auf der Welt endlich etwas gibt, und wäre es nur, wie wenn Kinder Himmel und Hölle spielen. Ich möchte nichts mehr, als daß dies sich verwirkliche, dann bin ich erlöst, dann habe ich nicht umsonst gelebt.

Ich bin ein Mensch, der, blickt er auf sein glorreiches Leben zurück, wie es ihm so schön zwischen den Fingern zerronnen ist, von dem Glauben erfüllt wird, daß es ein ewiges Leben gibt. In diesem Augenblick habe ich nicht den Eindruck, sondern die Gewißheit, daß ich im Kataster des Lebens dort auf der anderen Seite der Dinge stehe, auf der anderen Seite des ewigen Lebens, vor dem es kein Entrinnen gibt. Es ist, wie wenn man in die Frühlingssonne blickt, eine angenehme Verblendung, wie der geliebte Alkohol. Dieses ewige Leben ist nichts anderes als eine schöne, schreckliche Eintönigkeit, in der immerfort dieselben Flageolett-Walzer erklingen. Der Tod ist daher etwas, das mich nicht mehr betrifft, denn er ist eine angenehme Grenze, man braucht nur das Haupt zu neigen und dort wieder einzutreten, von wo man bei der Geburt ausgetreten ist. Jeden Tag, wenn ich der Möglichkeit des Sterbens begegne, bin ich jenem süßen Geheimnis nahe, hinter dem das Königreich des Lichts liegt. Der Gefahr des Todes weiche ich nicht mehr aus, ich nehme diese Gefahr nicht mehr wahr, denn ich fürchte mich nicht mehr. Ich wünsche mir nichts weiter, als in der Unfreiheit des Lichts zu verweilen. Die alte Welt läßt mich nicht mehr los und kommt mir dennoch entgegen. Ein verwüsteter Friedhof ist ein Triumph des Lichts. Meine Gegenwart ist endgültig verloren zugunsten des regressus ad originem. Diese Welt ist auch für mich schon verloren, und ich kehre dorthin zurück, wo ich noch nie war. Mein Leben lang habe ich gelogen, ohne es zu wollen, weil ich in einer Welt lebe, die nichts anderes ist als Lüge, an deren Ende man aber die Wahrheit des Lichts sieht. Ich liebe Sklerose, Vergeßlichkeit und Fehlleistungen, ich sehe an mir selbst und beobachte mit Freuden, wie die Imbezillität auf mich zukommt, wie ich alle meine berühmten Gedächtnislager ausverkaufe, ich bin glücklich, mich der Debilität als dem Gipfel des menschlichen Lebens zu nähern. Für mich gibt es keine Gefahren mehr, ich habe keinen Grund, wen auch immer vor der Gewalt der Zweifel und des Zweifelns zu warnen, alle Ratschläge, die ich erhalten, alle Ratschläge, die ich erteilt habe, sind letztlich nichts als Eitelkeit über Eitelkeit, jeder Mensch und also auch jede menschliche Gemeinschaft sehnt sich nach nichts anderem, als sich auf eigene Kosten kopfüber ins Unglück zu stürzen, was das Positive hat, erst nach dem Fall und ganz unten auf dem Grund zu erkennen, welches das wahre Licht ist. Lux in tenebris, wenn es zu spät ist. Und durch dieses Zuspätsein wird eine Wahrheit gewonnen, die stets mehr ist als jede Fiktion. Fiktion ist nur ein herrliches Hinausschieben der Erkenntnis. Fiktion ist allerdings immer mehr als Weltanschauung, als jedwede politische Idee. Ein Epilog ist immer schöner als ein hoffnungsvoller Prolog. Die Alten stehen immer im Vordergrund, weil sie ihre lichtumflutete Jugend in greifbarer Nähe haben...

Ich sitze im Goldenen Tiger, spiele mit dem Bierdeckel und kann mich wieder einmal nicht satt sehen an diesem Emblem, zwei schwarze Tiger drehen sich in meinen Fingern, wie immer knicke ich gedankenverloren die Ekken der Bierstrichliste um, eines, dann das zweite, nach dem dritten das vierte Bier und dann das fünfte, manchmal bringt Bohouš mir das erste Bier, er zieht aus seinem weißen Jackett einen weißen Papierstreifen, dessen Ekken er mir schon im voraus lächelnd umknickt, ich sitze in einer Gesellschaft, wo auch immer ich mich hinsetze, dort ist meine Gesellschaft, das ist mein Ritual, nicht nur meines, sondern das aller Menschen, die Bier trinken gehen, der Tisch bildet eine Gesellschaft, die redet. Das sind solche Gespräche am Kneipentisch, Unterhaltungen, bei denen man sich im Sprechen von den Streßsituationen des Tages erholt oder einfach so plaudert, aber auch das ist Erholung, fühlt sich der Mensch elend, sind banale Gespräche über banale Begebenheiten und Ereignisse die beste Medizin, manchmal sitze ich da und schweige verstockt, überhaupt gebe ich beim ersten Bier ganz klar zu verstehen, daß es mir unangenehm ist, irgendwelche Fragen zu beantworten, so sehr freue ich mich auf dieses erste Bier, und es dauert eine gewisse Weile, bis ich mich an diese tyrannisch laute Kneipe gewöhne, bis ich mich auf so viele Gäste, so viele Gespräche einstelle, es ist, als wollte jeder, daß das, was er sagt, gehört wird, jeder denkt in dieser Kneipe, daß das, was er gerade sagt, beachtenswert sei, und so posaunt er seine banale Botschaft hinaus, auch ich gehöre zu diesen Schreihälsen, nach dem zweiten Bier halte ich gleichfalls das, was ich sage, für ungemein wichtig, und daher schreie ich, ich habe ein geschärftes Auge und gröle meine Sätze in der törichten Annahme, nicht nur mein Tisch, nein, die ganze Welt müsse sie hören. So sitze ich da und spiele ständig nervös mit den Bierdeckeln, halte beispielsweise zehn davon in der Hand, wie Spielkarten, mische sie und lasse sie auf den Tisch fallen, ich trinke bedächtig und setze dann das Spiel mit den Deckeln und der Strichliste fort. Nun sitze ich hier, ich bin nicht allein, mische mich allerdings nicht ins Gespräch, sondern höre zu. Wie viele Zehntausende solcher Gespräche habe ich schon geführt, wie viele zehntausend Menschen haben in all meinen Kneipen abwechselnd mit mir gesessen, wie viele zehntausend Menschen habe ich vielleicht nicht mit meinen Reden, sondern mit meinem Dialog besudelt, der manchmal in einen Vortrag mündet, in der Regel nicht von mir, sondern von den anderen, wenn wir dann schließlich alle verstummen und der Begebenheit lauschen, die in Kneipengefasel, in Kneipengeschwätz ausufert, wie Professor Václav Černý es bezeichnet, oder aber in Kneipengeschichten, wie Eman Frynta als Kenner es sagt. Herr Ruis, der Violonist des Dvořák-Quartetts, erzählte von ihrem letzten Konzert in Bílina, wie trist und verwahrlost die Stadt war, abgeblättert durch Regen und Nachlässigkeit, wie Zigeuner und einige Betrunkene über den Hauptplatz schlenderten, abends jedoch anständig gekleidete Leute zum Konzert erschienen und ganz Bílina sich in aufmerksame, gerührte Zuhörer verwandelte. Neben mir unterhielten sich einige Gäste über Pilze, über den Reizker, ich wartete, bis sie das Wesentliche sagen würden, aber keiner sagte das Wesentliche über den Reizker, also erlaubte ich mir zu sagen... Meine Herren, der

Reizker ist ein mystischer Pilz, die Ringe enthalten die
mystische Botschaft dieses Pilzes, denn diese grünlichen,
sich verengenden Kreise drechseln bei jedem Reizker einen grünen Nabel heraus, den Mittelpunkt dieser sich
konzentrisch verkleinernden Kreise, und dieser Punkt inmitten des Huts ist der Mittelpunkt des Denkens, er ist
das, was die buddhistischen Mönche betrachten, der
Bauchnabel, durch den sie sich an der Nabelschnur zu-
rückspulen bis zum ersten Bauch unserer Urmutter, der
ersten Frau mit glattem Bauch, dem Anfang des Men-
schengeschlechts, das alles, meine Herren, sage ich, läßt
sich als Botschaft aus den konzentrischen grünen Kreisen
des rötlichen Pilzes herauslesen, aus diesen Ringen, die
das reinste, wesentliche Symbol des menschlichen An-
fangs und der menschlichen Gegenwart enthalten...
Aber, meine Herren, Sie, die Sie so gern essen, ich verrate
Ihnen ein Rezept, wie die spanischen Holzfäller den
Reizker im Wald zubereiten. Eine Schicht Wurst, eine
Schicht Reizker, dann in Streifen geschnittene Paprika,
eine Schicht Speck, dann in Scheiben geschnittene To-
maten und dann eine Schicht Reizker, und so eine
Schicht auf die andere, erst zuoberst wieder Wurst, alles
wird über dem Feuer gebraten, und wenn es fertig ist,
kann man es mit geriebenem Käse bestreuen... Und ich
schrie diese beiden Botschaften hinaus, da man mich
sonst nicht gehört hätte und ich außerdem den Eindruck
hatte, daß ich so schreien müsse, damit es nicht nur in
Prag, sondern im ganzen Bezirk, im ganzen Land, in ganz
Europa gehört werde, darum schreie ich Tor immer so
gern, weil ich glaube, daß das, was in mir ist, allen gehört... Und ich saß im Goldenen Tiger, blickte in die Gesichter der Gäste, und ja, nicht Gefasel, nicht Geschwätz,
manchmal, Herr Václav Černý, ist eine so heiser ge-

schriene Kneipe eine kleine Universität, wo die Leute sich unter dem Einfluß des Biers Geschichten und Begebenheiten erzählen, die die Seele verletzen, und über den Köpfen schwebt in Form von Zigarettenrauch das große Fragezeichen des Absurden und des Wunderbaren im menschlichen Leben... Ich verstummte, dieser Reizker und die konzentrischen grünen Kreise, dieser grüne Punkt mitten auf dem rötlichen Hut des Pilzes, Omphalos, der Nabel der Welt, durch den hindurch man bis zum glatten Bauch der Urmutter Eva gehen kann... und so lief ich mitten im Gespräch gedankenverloren bis in die Kindheit zurück, als ich zum ersten Mal in einem Gasthaus war, das mich dermaßen bezauberte, daß die Kneipe zu meinem Schicksal wurde. Mein Vater nahm mich mit, auf dem Motorrad Laurin und Klement, wenn er als Brauereiverwalter zu jenen Gaststätten fuhr, die seine Brauerei mit Bier belieferten, wir fuhren durch Dörfer und Städtchen, ich erinnere mich, daß jede dieser Kneipen mir verlassen vorkam, so trostlos vormittags und nachmittags, fast ohne Gäste, immer war es in diesen Landgasthäusern düster, es glänzten nur matt der Zapfhahn, der Tresen, Vater machte den Wirten die Steuern, er saß stets in der Küche und ich im Ausschank, dort war es fast immer kühl, ich aber trank nur Limonade, eine nach der andern, diese herrlich rote und gelbe Limonade, die in den Gläsern schäumte, einige Gäste saßen im Halbdunkel, und nur der Umstand, daß sie ihr Bierglas hoben oder ein Weingläschen in sich hineinkippten, zeugte davon, dort saßen Menschen, einige rauchten, ein Streichholz flammte auf, und ich war glücklich in diesen Kneipen, manchmal wurde ich in die Küche hinter dem Ausschank eingeladen, dort war fast immer die Wirtin, und sie schien mir unendlich müde, diese Wirtinnen konnten sogar kaum gehen, sie stützten sich auf die Möbel, erhoben sich von den Stühlen, als hätten sie Rheuma, und ich bekam Suppen, Kuttelsuppen und Gulasch, und wieder trank ich rote und gelbe Limonade, eine nach der andern, bis ich satt war, auf dem Tisch glänzten vor meinem Vater blendende Papiere, von Vaters Fingern stieg der Zigarettenrauch empor, der blaue Rauch von Ägyptischen, ich mußte Vater immer Ägyptische kaufen, Vaters Stimme war einschmeichelnd, ruhig und eindringlich, der Wirt saß da und hörte, was Vater ihm riet, und ich wußte nicht, worüber sich die beiden unterhielten, als sprächen sie in einer Fremdsprache, immer aber hatte der Wirt etwas nicht in Ordnung, es war wie mit mir in der Schule, Vater war der Lehrer und ich der Schüler, der die Hausaufgaben nicht ordentlich gemacht hatte, auch der Herr Wirt blickte zu Boden, doch Vaters Stimme versprach Hoffnung, sie machte dem Wirt Mut, so daß schließlich alle lachten und sich lange die Hände drückten, sie sahen sich in die Augen, Vater ließ die Blätter auf dem Tisch liegen, und der Wirt drängte Vater immer ein oder zwei Flaschen Schnaps auf, dann begleiteten sie uns bis vor die Tür und halfen das Motorrad anschieben, und ich wußte, sobald wir abgefahren waren, würde sich die ganze Kneipe von meinem Vater erholen, der vermutlich nur deshalb Verwalter war, weil er dem Herrn Wirt etwas Trauriges ausrichtete, etwas, wovor der Herr Wirt sich fürchtete... Und ich trank in der nächsten Kneipe wieder rote und gelbe Limonade, eine nach der andern, ein Jahr später fürchtete ich mich bereits, die Küche zu betreten, ich saß nur im Ausschank und horchte hinter der Glastür, wie Vaters Stimme dem Herrn Wirt etwas Unangenehmes in Erinnerung rief, dieser wehrte sich und wandte etwas zu seiner Verteidigung ein, manchmal lief der Wirt

in den Ausschank, goß sich einen Schnaps ein und kehrte
blaß in die Küche zurück, Vater nahm ihn an der Schulter
und redete ihm mit sanfter Stimme zu, so wie er mir zärtlich zuredete, ich müsse mehr lernen und die Lumpe-
reien lassen, was sollte denn aus mir werden, wenn ich so
schlecht lernte? Und so fuhr ich gern mit Vater herum,
nach der Schule und vor allem in den Ferien, jeden Tag
fuhr ich mit Vater in seine Kneipen im Nymburker Bezirk, ich kannte sie schon auswendig, am stärksten aber
war ich vom Gasthaus Zur Stadt Kolín in Lysá beein-
druckt, dort war eine derart vulgäre Wirtin, daß Vater
errötete, sie lachte, winkte ab und spielte alles ins Aus,
alle diese Sorgen um Bier und Steuern. Und ich saß im
Ausschank, wo die Sonne hineinschien und ein großer
Asparagus und eine Nähmaschine standen, und ich trank
eine rote Limonade nach der anderen und dazwischen
gelbe, und ich lauschte voller Wonne, welche verbotenen
Wörter die Frau Wirtin gebrauchte, die aber, wenn sie in
den Ausschank kam, mir eine weitere Limonade gab, sie
streichelte mich, und wenn sie mich ansah, so hatte sie
schöne Augen, vor denen ich ganz zerging. In anderen
Kneipen hatte ich bereits das ganze Lokal ausgekund-
schaftet, den Tanzsaal und den Theatersaal, ich ging in
den Garten, wo eine Kegelbahn und Tische standen…
Und so fand ich Gefallen an den Gasthäusern und den
Kneipen, und ich fühlte mich verlegen, wenn Vater mich
in ein Restaurant mitnahm, wo es Tischtücher gab und
auch einen schwarzgekleideten Kellner, da saß ich dann
kleinlaut, und war es möglich, dann spazierte ich lieber
vor dem Lokal auf und ab, bis Vater herauskam und wir
wieder in eine Dorfkneipe fuhren… in diesen Dorfknei-
pen, wo man mich schon so gut kannte, als gehörte ich
mit zur Familie, dort war ich glücklich, ich ging durch

das ganze Lokal, manchmal auch in den Hof und den Stall, einige Kneipen, und die mochte ich am liebsten, hatten auch noch eine Metzgerei, ich bekam Kranzwurst, das war ganz mein Stil, eine Limonade nach der anderen zu trinken und dazu Wurst zu essen... Als ich schon auf der Realschule war, trank ich bereits Bier. Wohin ich mit meinem Vater kam, machte ich Reklame für das Bier. Ich trank eins nach dem andern und kam auf den Geschmack, laut sagte ich, wie süffig und herrlich dieses Bier sei, das sagte ich und trank mit solchem Genuß, daß sich nicht nur die Wirte, auch die Gäste wunderten... Und so fuhr ich in dieselben Kneipen und trank ein Bier nach dem andern, und Vater löste auch weiterhin mit seiner ruhigen Stimme mit dem Wirt Probleme der Belieferung und der Steuern, jedesmal war etwas nicht in Ordnung, ich aber saß im Ausschank und unterhielt mich nach dem dritten Bier mit den Gästen, am liebsten aber fuhr ich mit Vater nach Kolín ins Elbviertel zu den Vodvárkas, dort ging es von früh an hoch her, Herr Vodvárka war ein Mann von Welt, stets guter Laune, hier mußte Vater nicht mahnen, nichts bemängeln, denn Herr Vodvárka war für mich der Gipfel, und er ist es bis heute geblieben. Wenn dieser Herr Vodvárka nach Nymburk kam, erschrak Vater jedesmal, mußte er mit ihm nach Prag, so wurde das für mich zu einem ungeheuren Erlebnis, kaum daß wir im Šmelhaus angekommen waren, alle drei Monate fuhren wir nach Prag und immer nur ins Šmelhaus, und als wir den Saal das erste Mal betraten, klatschte Herr Vodvárka dem Geiger sogleich einen Hunderter auf die Stirn, und seither spielte die Kapelle uns alle drei Monate zur Begrüßung Kolín, Kolín ... und dann saßen wir da, und Vater erinnerte jede Stunde daran, daß es Zeit sei, nach Hause zu gehen, Herr Vodvárka aber tanzte und sang, verschenkte Lächeln und Witze, und ich saß da, und je mehr ich trank, desto mehr umarmte ich jeden, der Herrn Vodvárka die Hand schüttelte, und so vergnügten wir uns im Šmelhaus, bis man zusperrte, und Vater war unglücklich, weil er nicht so viel trinken durfte, da er Motorrad und später dann einen Škoda fuhr, und er war entsetzt, wohin er da geraten war, denn Herr Vodvárka versprach jedesmal, wenn er alle drei Monate kam, daß sie zunächst in der Brauerei alles erledigen müßten und dann nur auf einen Sprung ins Šmelhaus gingen... und so begleitete die Šmelhaus-Musik uns bis auf die Straße hinaus, und auf der Rückfahrt im Morgengrauen weckte Herr Vodvárka in Nehvizdy auch noch den Wirt, und wieder tranken wir Bier und Kaffee, und Herr Vodvárka ließ die Musikanten wecken, und sie spielten für uns, und Herr Vodvárka weckte noch den Krämer, kaufte Schokolade und schenkte sie den Frauen, die er ebenfalls eingeladen hatte, indem er zuvor an alle Fenster geklopft und die Menschen, die guten Herzens waren, zu kommen aufgefordert hatte, und die Musik spielte, und es wurde gesungen, und Vater saß da und sah auf die Uhr und war entsetzt, daß er in zwei Stunden wieder im Kontor der Brauerei sitzen mußte. Und diese Ketten von Kneipen aus der Kindheit und der Jugendzeit, und dann meine Kneipen in Nymburk, wohin ich jeden Samstag und Sonntag vormittags wie nachmittags ging, um Billard zu spielen, meine Kneipe Unter der Brücke bei den Pospíšils, wo ich Klavier klimperte, wo wir mit den Jungs vom Elbviertel Karten spielten, mit meinen Freunden auf Leben und auf Tod, mit gewöhnlichen Jungen und Jünglingen aus den Häuschen im Elbviertel, dann meine Gasthäuser und Kneipen und die kleinen Hotels, während ich als Versicherungsagent Böhmen bereiste, und dann meine

Tageskneipen, als ich mit Galanteriewaren durch halb
Böhmen fuhr und meine Ware für die Firma Harry Karel
Klofanda feilbot, jeden Tag in der Kneipe zum Mittages-
sen, zum Abendessen und morgens zum Frühstück, als
ich am liebsten in ganz gewöhnlichen kleinen Hotels
übernachtete, und dann mein Prag, wo ich tagtäglich in
der Kneipe sein mußte, in Libeň, in Žižkov, in Vysočany,
auf der Kleinseite und in der Altstadt, eigentlich habe ich
ein Vierteljahrhundert nur in meinen Kneipen zu Mittag
gegessen, selten und eher irrtümlich geriet ich in ein an-
ständiges Restaurant, in ein Hotel, dort war ich immer
ungern, ich war sogar verlegen und faßte mich erst wieder, wenn ich ins Freie hinaustrat und in die erste Kneipe
ging, da fühlte ich mich wohl, da waren meine Leute,
meine Pikkolos und meine Geschäftsführer, mit ihnen
schloß ich Freundschaft, da war ich zu Hause, in der
Familie...
Ich sitze im Goldenen Tiger und bin zurückgewandert zu
meinen Kneipen, jetzt habe ich über mich selbst erfahren, daß eigentlich alles mit meinem Vater anfing, als ich
mit ihm umherfuhr, um eine Limonade nach der andern
zu trinken, damit Vater die Rechnungen und Steuern dieser unglücklichen Wirte in Ordnung brachte. Nun sitze
ich im Goldenen Tiger, ich lächle, diesen langen Augenblick lang habe ich niemanden gehört, als hätte ich in
einem stillen Wald gesessen, denn ich bin durch die Kneipen meines Lebens zurückgewandert bis in diese erste
Kneipe auf dem Land bei Nymburk.

Bohumil Hrabals Mutter
Marie (Maryška)
Kilianová-Hrabalová

Hrabals Geburtshaus
in Brünn

35

Bohumil Hrabals Eltern
um 1920:
Vater Francin

und Mutter
Maryška

Alt-Nymburk

39

Bohumil Hrabal
mit Onkel Bob

Onkel Pepin 41

Oben: Familie Hrabal;
älterer Sohn: Bohumil,
jüngerer: Bretislav
(Slávek)

Unten: Vater Francin
mit dem berühmten Motorrad,
im Seitenwagen
Bruder Slávek

Die Brüder
Bohumil und Bretislav

Bohumil Hrabal
als Abiturient, 1934

Bohumil Hrabal
in den 3oer Jahren

Wer ich bin

2

Das ist ein Mensch, der nie allein ist mit sich selbst, hier stehe ich an der Brüstung des Klosters Strahov, unter mir der Abhang des Seminargartens, im Hintergrund der Veitsdom und die Burg. Hier stehe ich, fast kahlköpfig, mit zerfurchter Stirn, auf der ich wie ein römischer Soldat alles mit mir trage. Grausame Fältchen rund um den Mund, der eingefallen ist dank gezogenen Zähnen und Prothesen. Die Augen tiefliegend durch Schlaflosigkeit und Trinken. Mein Gehirn ist Aschenputtels Nuß, statt Kleidern habe ich den Kopf voller Gerümpel, Grenzsituationen, Zusammenstößen, Gesichter von anderen, Fetzen von Sätzen, Begebenheiten, bis mir der Kopf tost und platzt. Eine Telegraphenstange dank der Tatsache, daß ich im Genick sechs Wirbel verrenkt habe. Ich liebe die laute Einsamkeit, den schweigsamen Schrei, Tennisplätze, Grübchen in Mädchenrücken. Ich trage ein blauweiß gestreiftes Leibchen, das ich mir in Nürnberg gekauft habe, als ich aus dem Rathauskeller kam, wo ich Weizenbier getrunken hatte, prickelnd wie Champagner. Und darüber trage ich eine blaue Jacke von Burbery's, die ich mir kaufen mußte, weil sie mir auf Zypern so sehr gefiel, mit leicht hochstehendem Kragen, und ich halte den achten Band von Pijoans Kunstgeschichte in der Hand, der Reißverschluß der Burbery's Jacke ist offen bis zum Bund. Ein fescher Kerl. Hinter mir ragt die königliche Burg empor, ich wiederhole für mich selbst, was sich alles auf der Burg abgelöst hat, böhmische Fürsten, böhmische Könige, die Habsburger, Präsidenten, dann Hitler und wieder Präsidenten, dann Chruschtschow und Breschnew, und wie diese Potentaten, die sich durch diese Flügeltüren drängten und aus den Fenstern dieser Burg neigten, so habe ich alles in mir angehäuft... Nun stehe ich hier und starre vor mich hin. Es ist offensichtlich, dieses Land ist viel zu schön, als daß sich mächtige Nachbarn nicht dafür interessierten, in diesem Augenblick, da ich hier stehe, bin ich nicht nur in mir selbst Schritt für Schritt zurückgegangen, sondern auch im Schicksal dieses Landes, das jetzt von der Sowjetarmee besetzt ist, so wie tausend Jahre zuvor von der ottonischen Renaissance. Man kann nichts dagegen tun, und also ist es gut so. Mein Urgroßvater pflegte sich dermaßen zu besaufen, daß er nur selten bis nach Hause kam, sondern im Straßengraben schlief. Erst nachdem mein Großvater Tomáš und sein Bruder ihn fast erwürgt hatten, schlief Opa nicht mehr im Straßengraben, sondern im Bett. Die Großtante Fany sprach gern deutsch, und ein entfernter Vetter fiel in der Reichsuniform vor Stalingrad. Hier vor mir ragt engelsgleich das Strahov mit seinen gestutzten Flügeln empor, ohne Priester, ohne Dominikaner. Als meine Großmutter Kateřina Hochzeit feierte, wurde gerade ihre Schwester geboren. Der älteste Bruder Methud schalt seine Mama, es zieme sich nicht, ein Kind zu gebären, wenn man die Tochter verheirate. Dann bekam Methud zwei Kinder, und beide waren stumm. Er ging regelmäßig in die Kirche, überzeugt davon, daß die stummen Kinder eine Strafe dafür waren, daß er über seine Mutter gelästert hatte. Als seine stummen Kinder heranwuchsen, nahmen Priester sie mit nach Kremsier, dank ihrer Stummheit verkauften sie Devotionalien und Priestergewänder. Die entfernte Base Milada heiratete den Metzger Špiz, der aus einer Metzgerfamilie stammte, als Zweitgeborener jedoch Theologie studierte. Doch der älteste Sohn starb, und so mußte der fast fertigstudierte junge Herr nach Hause zurückkehren und metzgern. Milada metzgerte mit, bis die Rote Armee kam, dann wurde sie Kommunistin und nach achtundvierzig Leiterin eines Staatsbetriebs, und sie wollte vom Metzgern nichts mehr wissen. Das ist nur ein kleiner Teil meiner weitverzweigten Familie. Vincek, mein Vetter, sang während des Protektorats in der Deutschen Oper. Danach schlug er sich auf die Seite der Kommunisten. Das ist ein kleiner Teil meiner Familie, und eigentlich bin auch ich es, so wie ich das Schicksal der Prager Burg bin, das Schicksal dieses Landes, das so schön ist, daß stärkere Nachbarn es immer durch Gewalt oder blutige Freundschaft an sich gerissen haben. Als in jenem Jahr neununddreißig die Deutschen kamen, brachte ich, da ich betrunken war, einige junge Reichssoldaten mit in die Brauerei, sie wußten nicht, wo sie schlafen sollten. Als die Soldaten der Roten Armee kamen, nahm ich einige Sowjetsoldaten mit nach Hause, sie wohnten so lange bei uns, bis sie vom Kommando abbefohlen wurden oder aber von selbst gingen. Auch das bin ich. Wer auch immer zu mir kommt, wem auch immer ich begegne, ich höre ihm so aufmerksam zu, daß ich mich selbst vergesse. So wechsle ich spielerisch auf die andere Seite hinüber, so höre ich auf den anderen, dem ich immer recht gebe. Erst wenn es dann zu spät ist, erwache ich wieder aus meiner Betäubung. Ist das mein Vorteil? Oder mein Fehler? Ja, ich bin, wer ich bin. Ich bin eigentlich bereits jene andern, alles, was außerhalb meiner selbst ist. Ich bin bloß ein Photoapparat, ein Tonband. Unter dem Prisma des Hauslehrers schneide ich nur meine Bilder heraus, meine Gespräche. Dieser bessere Mensch in mir, mein Lehrer, rät mir, stets zu denen zu halten, die ich geliebt habe, als ich noch ein Kind, ein junger Mann war. Zu den Verrückten, den Gewöhnlichen, den Arbeitslosen, den Versagern, zu denen, die noch keine sind, doch bereits nah am Abgrund stehen, zu Kindern und schönen Fräuleins, zu Menschen, die in Baracken oder umgebauten Wagen leben, zu nicht sehr gebildeten Menschen, die vielleicht gerade deshalb gewöhnliche Dinge und Gespräche lieben, zu Menschen, denen auf der Welt nichts anderes geblieben ist, als ihre Ehre zu haben und sich schämen zu können, Menschen, die stottern und Fehlleistungen vollbringen, wenn jemand sie anstarrt, die in ihrem Garten Kartoffeln und Rüben anpflanzen und Schweine füttern... An diese Menschen denke ich jetzt, wenn ich an der Brüstung des Klosters Strahov stehe, hinter mir glänzt die Burg in der Sonne, ich trage ein blaugestreiftes Leibchen, das ich mir in Nürnberg gekauft habe, darüber die blaue Jacke, den Kragen kokett hochgeschlagen, in der Hand halte ich ein aus dem Spanischen übersetztes Buch über die moderne Kunst... und jetzt betrachte ich meine Schuhe, sie sind braun und perforiert, und ich habe sie in Larnaca auf Zypern gekauft, wo Zenon aus Kition, der Gründer der Stoa, geboren wurde, als er lebte, hatten die Griechen ihr Imperium bereits den Römern überlassen, translatio imperii, und Zenon blieb nichts anderes übrig, wenn er richtig denken wollte, als aus der Niederlage einen Sieg zu machen, auf Kosten der Elemente zu leben und aus der Vogelperspektive die Leiden seines Volkes und folglich auch seine eigenen Leiden zu ertragen. Hier stehe ich, die Stirn gekrönt von zehn Falten, hier stehe ich wie ein alter Bernhardiner und blicke weit in die Ferne, bis zurück in die Kindheit und zu den frühen Přemysliden dieses Volkes, mit dem ich nun lebe...

Bohumil Hrabal
in den 40er Jahren

Bohumil Hrabal
mit Eliška Plevová
in Prag,
50er Jahre

Bohumil Hrabal
als Arbeiter in der
Altpapier-Sammelstelle,
50er Jahre

Hrabal
mit Onkel Pepin
und Vater Francin,
1959

Bohumil Hrabal
im slowakischen Badeort
Piestany, um 1960

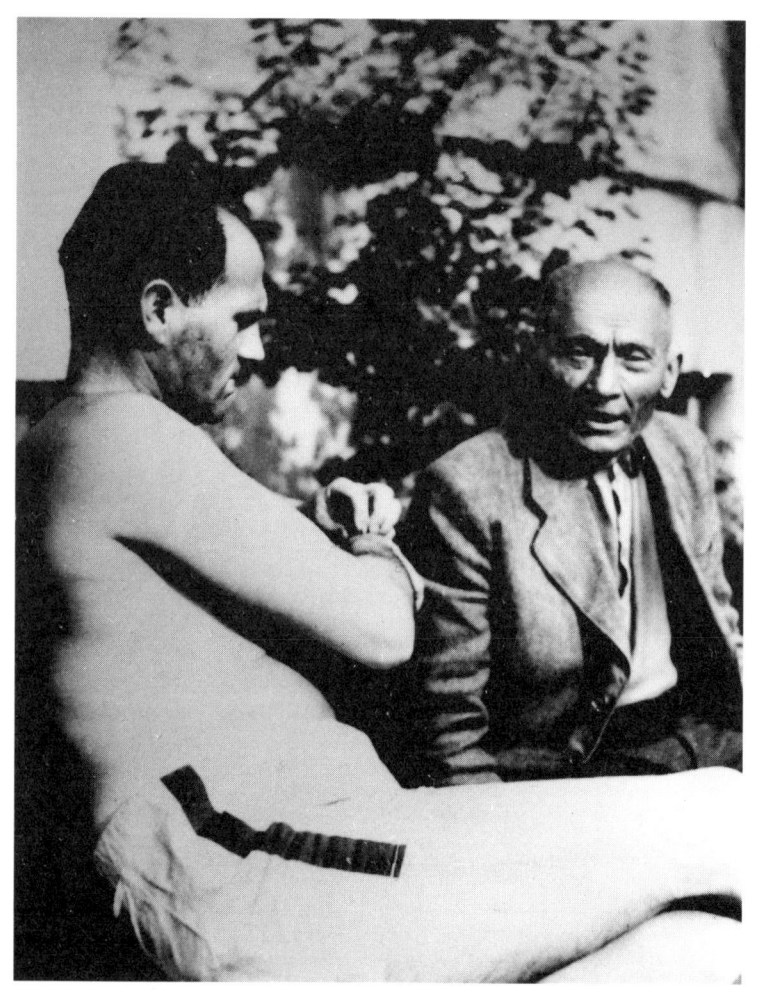

Hrabal
mit Onkel Pepin,
6oer Jahre

Der Freund
Vladimír Boudník,
der »Sanfte Barbar«,
bei der Arbeit

Das Haus
»Am Damm zur Ewigkeit«,
in dem Bohumil Hrabal
von 1950 bis 1973 lebte
(im Erdgeschoß)

Sommer 1973 in Kersko

Hrabal
mit Bruder Slávek
in Kersko,
70er Jahre

Wer ich bin
3

Erst heute weiß ich, daß die siebzig Jahre, die mir in den Rücken blasen, eine natürliche wie auch eine künstliche Sklerose mit sich bringen, erst jetzt, da meine Frau schon den vierten Monat pensioniert und also ständig mit mir zusammen ist, weiß ich, was die Hölle ist, die der Mensch überwinden muß. Wegzugehen, das wäre billig, für drei Kronen fünfzig zehn Deka Bauernpressack, nein, ich muß es auf mich nehmen, meiner Frau zuzuhören, sie anzuhören, aber meine eigenen Sachen zu denken, ja sogar mehr noch als nur das Eigene zu denken in dieser scheinbar goldenen Zeit, als ich mehr als ein Vierteljahrhundert frei hatte, Zeit nur für mich, eine Zeit, die ich jedoch nicht schätzte, sondern sinnlos vergeudete wie ein verschwenderischer Erbe.

Die natürliche Sklerose macht mir keine Sorgen, denn sollte ich alles im Kopf behalten, was ich gelesen, was ich erlebt, was meine albernen automatischen Texte, wie psychische Assemblagen und Collagen, mir gebracht haben, wäre ich schon längst reif für die Klapsmühle, aber so, wie der Körper sich durch Schwitzen und jede andere Ausscheidung der Speise- und Getränkereste entledigt, so gibt es auch im Kopf eine Art Signalanlage, die alles Unwesentliche ausradiert, all das, was dem Körper schaden könnte. Und dann diese Protuberanzen auf der Sonne, und diese herrlichen Veränderungen des Luftdrucks, die diese schönen Aphasien mit sich bringen, wenn der Mensch wie vom Blitz getroffen dasitzt und sich nicht zu erinnern vermag, wie man Tisch und wie man Stuhl sagt, welche Telefonnummer er hat, wie sein Freund mit Vornamen heißt... Das ist die vortreffliche Situation des Radierens und Ausradierens, ein Schnitt im Gehirn, eine Injektion Säure, die psychisches Verstummen verursacht. So sitze ich manchmal da, getroffen von meiner sklerotischen Natur, so, wie die schwachsinnigen Greise in Dolní Berkovice auf ihren Bänkchen sitzen, im Sommer sitze ich da und betrachte aufmerksam meine nackten Beine, ich staune über die Zehen, ganz besonders interessiert mich die gebrochene, abstehende kleine Zehe, ein andermal öffne ich die Hände und schaue sie an, als sähe ich sie zum ersten Mal. Das ist die Zeit, da selbst die Hoffnung vergangen ist, daß sich etwas ändern könnte, wenn es regnete, wenn das Barometer Strich um Strich zum schönen Wetter der zwölften Stunde fiele oder wenn der Zeiger von zehn Uhr Regenzeit vorrückte auf fünf Minuten nach eins, es ist die Zeit, da ich horche, wann der Schmerz im Nacken nachläßt, wann Angst und Furcht verschwinden. Einst wußte ich diese Imbezillität zu genießen, die vom Wetter und vom Katzenjammer herrührt, ich genoß, was da mit mir Entsetzliches, aber auch Schönes geschah, jetzt aber habe ich schon mehr als vier Monate meine Frau zu Hause, die aus der Tiefe ihrer weiblichen Seele all das haßt, was ich geliebt habe. Ich hab' so gern nicht gefrühstückt, denn sobald ich esse, füllt mein Gehirn sich mit Speise, und das sprühende morgendliche Denken verschwindet, dieses Denken, das vielleicht einem Hungergefühl entspringt, vielleicht, weil ich zum Frühstück gern nur schwarzen Kaffee trinke und zwei, drei starke Zigaretten rauche, erst in diesem Augenblick erwache ich aus der Nacht, in der ich immer schlecht schlafe, so daß ich morgens keine Lust zu leben habe, ich möchte nicht auf der Welt sein, erst die erste Zigarette belebt mich für den Tag, von der zweiten wird mir immer übel, bei der dritten werde ich fahl, falls ich sonnengebräunt bin, das aber ist mein Ritual, das war mein morgendliches Ritual, meine Messe, ich schlürfte meinen Kaffee und rauchte gierig, rauchte so, wie man im Knast raucht... und während ich rauchte und trank, sah ich aus dem Fenster, irgendwohin ins Nirgendwo, in den Himmel, ich schaute nur so und versuchte, mich durch dieses Nichts-Versuchen in eine Nullsituation zu versetzen, an nichts zu denken, nur mir selbst zu lauschen, ob nicht irgendein Motiv auftaucht wie ein Klecks auf der Oberfläche eines abgestandenen Teichs, ob etwas sich offenbart, ein erster Satz, mit dem ich den großen Pullover des Textes aufzudröseln beginne, denn das Schreiben, mein Schreiben ist stets ein aufgefangener erster Faden, ich weiß aber voll Begeisterung, daß, sobald ich die Maschen auf der Schreibmaschine aufgeschlagen habe, sobald ich schnell zu schreiben anfange, ich so lange schreiben muß, bis ich den ganzen Pullover aus dem Unbewußten aufgetrennt und neugestrickt habe ... Das war meine schöne Zeit, mein Luxus. Jetzt gibt mir meine Frau zum Frühstück Kaffee und Kuchen, Butterbrote, sie schaut mich streng an und sagt von Zeit zu Zeit: das Ungesündeste auf der Welt ist, auf nüchternen Magen Kaffee zu trinken und zu rauchen ... Aber denk daran! Ich werde nicht allein hier zurückbleiben! Und sie hat Tränen in den Augen ob der Vision, daß ich in Kürze sterben und sie allein zurückbleiben könnte. Und so rauche ich also, schaue aber nicht mehr aus dem Fenster ins Unbekannte, denn sie schreit mich an: Schau nicht so blöd! Und so vergeht mir sogar die Lust auf den Kaffee, auf das Rauchen, seit vier Monaten hat meine Frau mir alle meine Fäden durchschnitten. Und dann verrammelt meine Frau im voraus meine Zeit mit all dem, was ich einkaufen soll, und daß nachmittags vielleicht der Fensterputzer kommt, daß ich mein Zimmer streiche, meine Zähne flicken, mir Anzüge nähen lassen soll, daß ich mir die Hände nicht wasche, warum ich nicht täglich die Zähne putze, warum ich die Unterhosen nicht wechsle, warum ich so blöd schaue, wer solle denn die Hemden waschen, wenn ich sie ständig trage, bis sie vor Schmutz stinken ... Und so ist hier neben den Flecken auf der Sonne, neben dem ständig wechselnden Wetter, neben dem sich nähernden Siebzigsten und der natürlichen Sklerose meine Frau, oft frage ich sie aus, ob sie nicht doch irgendwo ein Kind habe, ob sie es nicht weggegeben habe, wie schön es doch wäre, wenn wir ihre Kinder, selbst schon verheiratete, adoptierten, meine Frau würde sich dann um die Enkel kümmern wie alle anderen Großmütter auch, und sie wäre glücklich, wenn ich nicht zu Hause wäre, wenn ich ihnen nur Geld gäbe und mich aus dem Staub machte. Aber meine Frau hat, genau wie ich, keine konkreten Jugendsünden, sie ist allein, genau so, wie ich allein bin ... Und meine Frau hat nur mich als einzige Sorge, und sie hat auch noch die Courage, mich zu erziehen, sie hat den Mut, von mir zu verlangen, daß ich sie unterhalte, mit ihr ins Theater, ins Kino, in die Gesellschaft gehe ... wogegen ich mir nichts anderes wünsche, als allein zu sein. Und ich muß allein sein, ich muß diese Einsamkeit an mir selbst erarbeiten! Wenn aber Jiří Mucha seine *Kalte Sonne* im Knast geschrieben hat, warum sollte ich nicht schreiben können, wie ich immer geschrieben habe, als meine Frau noch arbeiten ging, was hindert mich daran, mir diese exklusive Einsamkeit zu erkämpfen, mir die Ohren zuzuhalten, mich selbst zuzubrettern, um taub und blind zu werden, wie ich es törichterweise beschrieben habe, als ich etwas

64

über die laute Einsamkeit inmitten der Biergäste zusammenkritzelte... Jetzt muß ich anfangen, so zu leben wie diejenigen, über die ich schreibe, inmitten der Familie, inmitten von Leuten und Verwandten. Hier ist meine Schreibmaschine, und hier bin ich! Und ich halte diesen Anfangsfaden fest, hier ist der Löffel, mit dem ich nicht wie jenes Kind des heiligen Augustin das ganze Meer umzuschöpfen versuche, hier ist aber eine Finsternis, in der ich dasitze und durchs Schlüsselloch in ein erleuchtetes Zimmer spähe, auf die andere Seite meiner Augen. Das Schönste am Schreiben ist, daß niemand einen dazu zwingt. Jetzt aber fühle ich, daß das Schreiben meine Therapie ist, meine psychiatrische Klinik... meine Telefonseelsorge.

Bohumil Hrabal
betritt den
»Goldenen Tiger«

Im »Goldenen Tiger«,
Anfang der 70er Jahre

67

Das Häuschen in Kersko

Bohumil Hrabals
Schreibtisch
in Kersko
auf der Veranda

Rechts oben:
Mit Susanna Roth

Der Freund Jiří Kolář,   71
in seinem Atelier in Paris,
Ende der 8oer Jahre

Bohumil Hrabal
im Häuschen in Kersko,
1986

Der Abbruch
des Hauses
»Am Damm zur Ewigkeit«,
Prag-Libeň 1988

Bohumil Hrabal
mit Katze in Kersko

Beim Füttern der Katzen

Wer ich bin
4

Zum Abendessen hatte ich zwei Hörnchen, die Kater mampften ein Viertel Hähnchen. So soll es sein, ich werde bald siebzig. Ich war im Wald, dort wurden Bäume gefällt. Fällt man den Wald, fallen auch die Vogelnester. O je! Gestern hat Herr Osten gesagt, er habe dort eine Patientin, die sich mit einem Schraubenzieher ein Auge ausgestochen habe, als sie versuchte, eine Colaflasche zu öffnen. Die Assistentin wußte nichts Gescheiteres, sagte Herr Dozent Osten drei Monate nach diesem Schraubenzieher im Auge, als, he, Mädel, hat Ihnen schon jemand gesagt, daß Sie dieses Auge verlieren werden? Tränen. Streß. Den Rest gab der Patient im Nebenbett: Ach, was is schon ein Auge, bloß is es oft so, daß auch 's zweite im Eimer is... Der Husník, im Protektorat unser Kamerad, ein Schneider, der auch für die Wehrmacht Uniformen nähte, der ließ sich, um sich nützlich zu machen, im Jahre achtundvierzig anheuern und ging mit den Truppen Bauern liquidieren. Nicht physisch, aber er schrie sie an, und wenn sie nicht in Reih und Glied geradestanden, trat er sie gegen das Schienbein. Gut. Was aber sagt ihr dazu? Wir treffen den Husník an, und seine Alte führt ihn an der Hand, und wir sagen, was ist los mit dir, Husník? Du, der du die Bauern gegen's Schienbein getreten hast, bevor sie in Sennhütten und ins Grenzland verteilt wurden? Und Husník erkannte an den Stimmen, daß wir es waren, die tollen Herren Skribenten, und so erwiderte er... He, Jungs, jetzt, da ich blind bin, hab ich's eingesehen, Jungs, jetzt, da ich blind bin, erst jetzt seh' ich, was für Kalberein ich gemacht hab', wozu ich mich hergegeben hab', jetzt, da's zu spät ist... Zum Abendessen hatte ich zwei Hörnchen, die Kater aber mampften ein Hähnchen ohne Federn, das ist mir ein Abendbrot... nicht mehr für mich, aber für meine Kater, die noch kein Jahr alt sind, während mir der Siebzigste droht... Herr Professor Štork hat gesagt, er habe in einem amerikanischen Ärzteblatt gelesen, daß ein Mann, der von Kindheit an blind gewesen war, im Alter von siebenundsechzig Jahren plötzlich sehend wurde, als der Blitz in ihn fuhr... Paulus, der zuvor der blinde Saulus gewesen war.

Filánek hat einen kleinen Gedenkstein auf Herrn Fridrichs Grundstück.

Mein Weib wird wieder staatsfeindliche Reden führen. Aber sie wird nicht einschlafen, bevor ich sie nicht in den Armen halte und ihr den Daumen reibe.

Der Föhn bläst in diesem Land, jedoch nicht nur einmal alle vier Jahreszeiten, sondern das ganze Jahr hindurch, ein Einbruch von Streßsituationen ohne Adaptationen, ein Morast von Banalitäten. Erst als ich erblindete, begann ich zu sehen. Schuld daran haben der warme Föhn, Zigarettenpapierchen, Konfettis, schottische Wechselbäder, dunkle Schatten, Sonnenstreifen, warm und heiß, Heißluft, Oktoberföhn. Straße, Asphalt, Spiegel. Blendung, Unmöglichkeit, in die Sonne zu sehen. Diese schleudert durch Protuberanzen und Sonnenexplosionen geomagnetische Renovationen vom Himmel herunter. Ach, Renovation, renovatio! Wann werde ich bloß die Zeit und den Ort finden, um mich zu erneuern, um von den zwei Wegen den meinen zu finden, meinen Gehsteig! Los dos caminos, die allgemeine Karte der Liebe, welche meine synthetische Karte bestimmt. Und es ist Il cyclo! Renovatio!

Also renovatio! Il cyclo! Los dos caminos, mein Weg wird nur noch zurückführen. Genug Zeitschrifteninformation! Ich will jetzt wissen, wer ich bin, wo ich stehe, wohin ich gehe und was gegen mich, was über mir, was unter mir ist. Los dos caminos!

Heute ist Föhn, Regenschauer gelben Birkenlaubs, zermalmte Spiegel, Lust, fruitio Dei, Waldesrauschen, aus dem Rundfunk erfahre ich, daß Lech Wałęsa den Nobelpreis bekommt... Die Bayern saufen beim Oktoberfest Maßkrüge von Bier, und sie singen eine ganze Woche lang... In München steht ein Hofbräuhaus, oans, zwoa, gsuffa! Auch ich habe im Hofbräuhaus getrunken, auch im Augustinerbräu, auch im Mathäser und im Spatenbräu! Und den Zeitungen liefert dieser Föhn mehr Erhängte und Sprünge aus dem Fenster, mehr Ertrunkene, denn München steht auf Kalkstein... und wenn der Föhn kommt, dann beben die Menschenseelen auf dem Kalkstein und zittern wie Zitternadeln... und wer sich vor Föhn und Selbstmord retten will und keine Kraft mehr hat, eine ganze Woche lang Starkbier zu trinken, der muß sofort auf Granit, nach Regensburg, dort ist ein sensibler Mensch gerettet.

Ich aber lebe in einem Land, in dem der Föhn ständig bläst, wo Streßsituationen keine Adaptation, keine Aussöhnung finden, dieser Föhn, der in Bayern eine Woche lang im Oktober und eine Woche lang im Februar bläst, der weht bei uns unentwegt, jedenfalls für mich, mein ewiger Föhn, mein ewiger Spleen, meine ewige Schwermut, daß ich etwas verbrochen, jemanden umgebracht, daß ich die Todesstrafe verdient habe, obwohl ich unschuldig bin wie eine Lilie... das ist unser Föhn... ein Glück, daß meine Karten renovatio gezeigt haben, daß meine zwei Wege sich trennen und beide von Liebe ge-

tragen werden! Aber, mein Gott, Liebe wozu, zu wem? Ich habe eigentlich niemanden mehr, nur meine Katzen, über die ich einen Fortsetzungsroman von der Liebe schreiben will, die bitterhell und schön ist wie der Herbstföhn...
Schaust du schon wieder so blöd? rief meine Frau empört. Schrecklich, dir zuzuschauen! Na mach schon, diese fünf Sträucher müssen zum Zaun hin versetzt werden, vorher aber muß man dort fünf tiefe Löcher graben...
Ja, sage ich, man soll aber alles erst umpflanzen, wenn die Blätter abgefallen sind, wenn der November gekommen ist...
Ich bitte dich, wo hast du das denn gehört? Das sagst du doch nur, um das Versetzen hinauszuschieben, ich seh das deinem Schnüffel an, daß du diese Löcher für die Sträucher nicht graben willst... was sagst du?
Ich sage, ich werde es nicht tun, Pepík Sokol soll es machen, ich bin ganz schwach von diesem Föhn...
Was für ein Föhn, vom Saufen, du sollst nicht saufen, dann bist du nicht schwach, also mach vorwärts, geh ins Dorf und hol diesen Pepík Sokol, er soll die Löcher graben, du aber bleibst bei ihm, damit er es nicht vermasselt, ich muß für ihn etwas kochen, auch du mußt was tun, nicht ständig anderswo sein, ständig träumen und ins Blöde starren...
Ja, ich schloß die Augen, ich muß einen Fortsetzungsroman von der Liebe schreiben, die hell und bitter ist und einen zum Selbstmord treibt wie der Herbstföhn, der in allen vier Jahreszeiten durch meinen Kopf und meine Seele bläst, das ganze Jahr lang, von Kindheit an bis zu diesem Augenblick, da ich spüre, wie meine Frau mich von irgendwoher mit bösen, gehässigen Augen anschaut.

Karel Hynek Mácha: ... wie der Amarant im Lenz erschlafft ... Jan Amos Komenský: ist der Eber im Alter geschafft ... Zwei Verse, zwei Textausschnitte, wenn ich traurig bin, wiederhole ich sie nacheinander, übereinander, hintereinander, abwechselnd so lange, bis ich langsam und leise zu lächeln beginne...
Dann wiederum kann ich mich lange nicht erinnern, mir dieses Bild nicht vergegenwärtigen. Manchmal habe ich es fast, doch während es näher kommt, um klarer zu werden, weicht es wieder zurück ins unbewußte Unterbewußte. Heute ist es mir erschienen, als ich mit entzündeten Mandeln auf dem Rücken dalag und Sliwowitz in einen Lappen goß und ihn mir um den Hals wickelte ...
Ja, jetzt entsinne ich mich an einen anderen Satz, den mein Freund Vaníček sagt, der, wenn er sich nach der Arbeit die Hände wäscht, zu singen anfängt oder aus heiterem Himmel schreit: Gefickt hamn se und nicht gekocht! Ein andermal verkündet er seinem Freund Huška: Dich hätt deine Mutta den Ziegen in die Tränke pissen solln! Dann wieder hört er auf, sich die Hände einzuseifen, er seift sie fast immer eine halbe Stunde lang, er hört also auf damit und schreit: Fäden am Arsch und Fläden am Boden! Wenn ich es nicht aufgeschrieben hätte, hätte ich vergessen, was Herr Vaníček, dieser Pandure, jeweils sagte, jetzt aber habe ich vergessen, was ich mir aufschreiben wollte, als ich mit den in Sliwowitz getränkten Mandeln dalag. Ja! Bei Kofrů, wo ich sonntags hingehe, um zu sehen, wie die Leute an der Peripherie einen Feiertag verbringen, wo man Billard spielt und Bier trinkt und wo fast jeder eine Krawatte und einen neuen Anzug trägt, dort schaue ich stundenlang zu, wie die Kugeln sich im Licht der Glühbirnen auf dem grünen Filz bewegen, wie sie sanft aneinanderprallen, sich gegenseitig wegstoßen,

manchmal schnäbeln, mitunter fliegen diese Kugeln mit großer Geschwindigkeit, dann wieder sind sie langsam wie in Zeitlupe und berühren sich so zärtlich, bis sie einschlafen, manchmal springen sie auf den Boden, und alle drehen sich um, als wäre ein Kronleuchter von der Decke gekracht oder als hätte der Pikkolo ein Tablett voll Biermollen fallen gelassen, hier im Ausschank saß neben Fußballspielern und vertrottelten Alten, die Fetzen von Sätzen vor sich hinschrien, ein Greis, der den Schankburschen scharf beobachtete, wie er das Bier zapfte. Hier bei Kofrů wird Pilsner und zehnprozentiges Pragerbräu gezapft. Ich frage beunruhigt: He, Väterchen, worauf lauern Sie ständig? Und er antwortete, ohne mit der Wimper zu zucken: Ich pass' auf, daß er mir mein Prager nicht mit Pilsner verpißt, daß er mir das Prager nicht mit Pilsner panscht...

Seules les évidences peuvent stupéfier – ich erinnerte mich an diesen Satz von Roland Barthes, als wir im Goldenen Tiger saßen und die Nachricht eintraf, daß in den frühen Morgenstunden der Koch von den Zwei Katzen in der hell erleuchteten Küche neben dem Hackklotz aufgefunden worden war, mit gespaltenem Schädel, und darüber hinaus fehlten ihm beide Hände, die zwar mit derselben Axt abgehackt worden waren, aber nicht mehr gefunden wurden. Kenner der Prager Unterwelt erzählen, daß Falschspieler so bestraft werden. Niemand hat je etwas herausgefunden, und so nannte man dieses Lokal Pfotenfutsch. Zur Erinnerung daran, daß beide Hände abgehackt, aber nie mehr aufgetaucht sind.

Als ich gestern zu den Kladivas kam, erzählte Lucie, Friseuse im Nationaltheater, daß der Violinist Herr Růžička tragisch gestorben sei, im Alter von zweiunddreißig Jahren. Jemand habe ihm alle Finger abgehackt, und dann sei er mit siebzehn Stichen erstochen worden, aber so, daß er erst nach einer gewissen Zeit starb. Er habe eine Zigeunerin zur Frau gehabt, eine nahe Verwandte der Golián, und dieser Herr Růžička war mit ihr für zwei Jahre nach Westdeutschland gefahren, wo er ein Engagement hatte, und als er ohne sie zurückkam, weil sie dort geblieben war, da hackte ihm jemand zur Erinnerung daran, daß er seine Zigeunerfrau verlassen hatte, alle Finger ab und erstach ihn, nicht gleich zu Tode, sondern so, daß der Violinist seine Strafe dafür, daß seine Frau dortgeblieben war, auch auskosten konnte. Als wir im Goldenen Tiger an dem Tisch saßen, an dem immer die Montagssänger des Nationaltheaters sitzen, sagte einer von ihnen, die Todesanzeige hänge dort und man erzähle sich das, was die Friseuse Fräulein Lucie gesagt habe.

Unsere Augäpfel rotierten ob dieser Nachricht.

Tatsächlich, Roland Barthes, der am 26. März 1980 von einem Auto zu Tode gefahren wurde, hatte recht... Nur das Offenkundige kann verblüffen...

Bohumil Hrabal
im Garten in Kersko,
1994

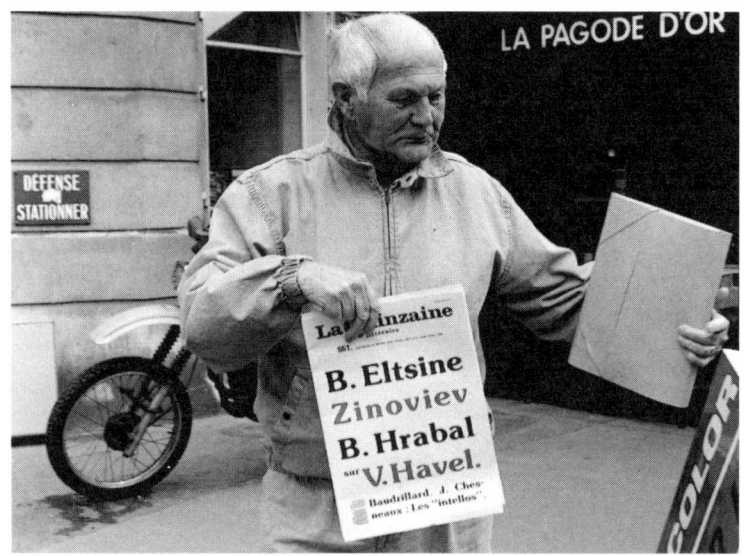

Bohumil Hrabal in Paris
anläßlich
des Salon du livre,
1990

Unten:
Mit Péter Esterházy
in Paris

Oben: Nach der Lesung
in der Österreichischen
Nationalbibliothek,
1990

Zwei Laureaten;
mit Joseph Brodsky
auf Capri,
Premio Capri 1990

Oben: Bohumil Hrabal
vor der Pilsner Brauerei
mit der Vereinigung
»Goldenes Prag«

Bei einem Empfang
auf der Prager Burg;
mit dem
Dichterkollegen und
Staatspräsidenten
Václav Havel

Oben: Mit Václav Havel
und Bill Clinton
im »Goldenen Tiger«

In Prag-Libeň, 1992

Wer ich bin
5

Jetzt, da ich nicht nur mich selbst beobachte, sondern die politische Entwicklung der Welt, stelle ich fest, auch die Kunst ist eine Widerspiegelung politischer Ereignisse. Sogar Goethe wollte Napoleon sehen, und als er in Weimar in dessen Antichambre saß, war er Zeuge, daß nicht nur Napoleons Generäle, die auf eine Audienz warteten, zitterten, auch er selbst zitterte, einige Minuten bevor er dem Mann gegenüberstand, der Europa aufgerüttelt hatte. Selbst Beethoven war von Napoleon, von dessen Ideen und Taten, dermaßen begeistert, daß er die Eroika zu Ehren von dessen politischen Gedanken und der Konkretisierung der Verwandlung schrieb. Es ist unwesentlich, daß er die Eroika zerriß, als Napoleon sich selbst zum Kaiser krönte. Man muß auch sagen, daß das Kommunistische Manifest von Marx bei Mallarmé widerhallt, der Marxens Satz – Die Welt verändern – durch die moderne poetologische Devise – Die Wörter verändern – ergänzte. Man muß noch hinzufügen, daß auch Rimbaud seinen Teil beitrug und ihm das Ausmaß der Revolution des Jahres 1871 bewußt war, ich glaube, daß auch die Impressionisten durch ihre Kunst die Mythologie der bürgerlichen Welt nicht nur formal, auch inhaltlich stürzten. Sie vermenschlichten ihre Leinwände zugunsten des gewöhnlichen Menschen, besangen die Großstadt und die strömenden Menschenmassen. Ich glaube, daß auch Zola mit seinem Naturalismus die klassische Welt zugunsten des Mannes von der Straße gesäubert hat. Ich glaube, daß auch Vincent van Gogh und Toulouse Lautrec und Gaugin von der Verwandlung der bürgerlichen Weltanschauung in eine Demokratie wußten und mit ihr sympathisierten. Ich glaube, daß auch Whitmans *Grashalme* fast in demselben Jahr erschienen wie das Manifest von Marx, ich glaube, daß Baudelaires *Blumen des Bösen* so sehr mit dem Ende der klassischen Kunst zugunsten der Banalität des gewöhnlichen Lebens zusammenhängen, daß er wegen seines größeren Maßes an Freiheit in der dichterischen Äußerung angeklagt und verurteilt wurde. Ich glaube, daß auch Picasso mit seinem analytischen Kubismus die bürgerlich klassische Poetik besiegt hat, obwohl er später dann oft auf sie zurückgriff. Und dann sind da Edvard Munch und Egon Schiele und die Dadaisten, die Mallarmés Satz – Die Wörter verändern – in die Tat umsetzten, so wie Rimbaud: Das Leben verändern, und Marx: Die Welt verändern. Und da sind die Surrealisten, die sich mit ihrer Dichtkunst wenigstens eine Zeitlang zur revolutionären Veränderung der Welt bekannten, vielleicht waren damals gerade die Surrealisten am engsten mit Marx, Lenin, Trotzki und seiner permanenten Revolution verbunden. Ich glaube, daß auch ich fester im Gesetz von der Widerspiegelung politischer Ideen und Ereignisse verankert bin, als ich früher vermutete. Auch *Die Welt, die duftet*, ein Buch, das Karel Teige als Manifest verfaßte, ein Buch, das ich in jenem Jahre sechsunddreißig, als ich mich für Lyrik zu interessieren begann, wie eine Bibel las, auch dieses Buch ging von den modernen Begriffen Mallarmés und Rimbauds aus. Ich glaube, daß ich damals, als die Tschechoslowakei okkupiert wurde, auch wenn die Ansichten des Nazismus für mich unannehmbar waren, ebenso im Gesetz von der Widerspiegelung lebte, als Fahrdienstleister erkannte ich dann, was der Nazismus war, und so ging ich von schlichten Gedichten über zu Variationen auf Céline, und dieses Protektorat hatte für mich einen Wert im Negativen, dank meiner Erlebnisse schrieb ich nämlich später meine *Scharf beobachteten Züge.* Ich glaube, daß auch die ersten Jahre nach neunzehnhundertfünfundvierzig für mich in der Widerspiegelung der Politik unseres Landes und seines Trends nach Osten standen. Erst in jenen drei Jahren begriff ich, wer sie waren und warum sie so schrieben, Wladimir Majakowski, vor allem Serjoscha Jessenin und Isaak Babel. Ich begriff, weshalb Jessenin und Majakowski Selbstmord begangen hatten, ich verstand, weshalb André Breton in Mexiko Trotzki besuchte, ich begriff, weshalb Isaak Babel in jenem Jahr vierzig irgendwo an unbekanntem Ort liquidiert wurde. Ich lebte folglich ebenfalls im Gesetz des Gesetzes von der Widerspiegelung und unter dem indirekten Einfluß der sowjetischen Politik und daher auch ihrer Literatur. Ich glaube, daß ich in der Zeit bis zum Jahre achtundvierzig meine Prosawerke und meine Poeme unter dem Eindruck von Jean-Paul Sartre und Albert Camus geschrieben habe, daß auch mein Kladno unter dem Eindruck der politischen Ereignisse des Jahres achtundvierzig stand, ich glaube auch, daß ich mein erstes Buch im Jahre dreiundsechzig herausgab, entsprach dem Gesetz von der Widerspiegelung des gesamten sozialistischen Überbaus jener Zeit, die im Jahr achtundsechzig gipfelte, als Präsident Svoboda mich auf die Burg lud und ich zusammen mit anderen die politische Auszeichnung Preisträger des Staatspreises Klement Gottwald bekam. Und dann, als die befreundeten Armeen kamen und politisch alles bis irgendwohin zur Basis zurückschraubten, da versiegte gemäß dem Gesetz von der Widerspiegelung meine Publikationstätigkeit, um so mehr aber schrieb ich, und ich schrieb das zu Ende, mit dem ich im Rückstand war, um das zu schaffen, was ich über das Gesetz von der Widerspiegelung der politischen Ereignisse in diesem Land sagen wollte. Ich glaube, daß ein Kritiker, der diese Spur verfolgt, den roten Faden finden wird, denn – wie Jakob Boehme sagt – der Mensch kann sich nicht von seiner Epoche lösen. Auch ich habe mich nicht losgelöst, da selbst Beethoven es nicht getan hat, indem er die Eroika zerriß, schließlich sagte er in der neunten Symphonie das, was Napoleon und seine Armeen wie auch Rousseau, Herder und Hegel gesagt haben. Letztlich bin ich also ein homo politicus, mit einer bestimmten Perversion, die in diesem Land wurzelt, mit einer bestimmten Ironie, die nicht gegen, sondern der Dialektik gemäß die Politik der eingeschränkten Souveränität akzeptiert, und dies unter Wahrung der Melancholie des Subjekts, das sich bemüht, sich mit seinem zarten Stimmchen am Gespräch zu beteiligen. Ich glaube, daß mein Modus vivendi in der gegenwärtigen Gesellschaft nie grundsätzlich dagegen ist, da ich weiß, wo und mit wem ich lebe: ich spreche gern darüber, daß am Anfang einer jeden neuen Epoche Menschen, wie auch ich einer bin, zwischen den Splittern des Bretts stecken, das die Geschichte zerbrochen hat, nicht um weiterzugehen, sondern um von Grund auf ein ganz anderes Modell des öffentlichen und privaten Lebens beginnen zu lassen, auf daß nach fast zweitausendjähriger Epoche des christlichen Modells eine Epoche mit entgegengesetzten Vorzeichen beginne, auf der abgewandten Pyramide der ökonomischen Werte und folglich auch der kulturellen. Und ich und mir Ähnliche, wir müssen gerade zwischen den Splittern dieses Bretts einen Modus vivendi finden.

Eine befreundete Professorin lud mich höflich zu einer Diskussionsrunde mit Lehrerinnen und Professorinnen ein. Ich bekam auf der Stelle den Rappel und schrie sie an: Du kriegst gleich 'nen Fußtritt in den Kopf, du Bestie! Und die Freundin lächelte geziert: Warum ausgerechnet in den Kopf? Ich schrie und kippte das Bier mit einer heftigen Geste um: Wenn ich dir 'nen Arschtritt geb, hast du 'ne Hirnerschütterung, du Bestie! Scheißdiskussionen. Vor vielen Jahren trat ich mit meinem Einkaufsnetz in der Hand auf meinen berühmten Hof hinaus, und dort stand ein anständig gekleideter Mann und ergötzte sich daran, wie ich erschrak, als ich ihn sah. Er wartete etwas, goutierte meinen Schrecken und mein Entsetzen, und dann zog er die Legitimation des Staatssicherheitsdienstes hervor und stellte sich als Stabshauptmann Karach vor. Ich fiel ihm um den Hals und dankte ihm unter Tränen, daß er bloß von der Polizei war, ich hätte nämlich schon befürchtet, er sei gekommen, um mich zu einer Diskussionsrunde einzuladen, sagte ich zu ihm. Er war beleidigt... Warten Sie nur, bis Sie meine Fragen beantworten werden, mit wem Sie sich im College in Alpbach getroffen haben.

Und ich streite mich mit niemandem und um nichts mehr, mich kann niemand mehr beleidigen oder aus der Fassung bringen. Ich bin in die Unendlichkeit und die Ewigkeit verschossen, mich betrifft der Tod nicht mehr, denn obwohl ich noch auf der Welt bin, bin ich längst schon gestorben, ich bin hier nur noch auf Urlaub vom Krematorium. Das ist der Schmelztiegel der Alchimisten, das Grab, dem ich aber ständig entfliehe, ohne mich darum zu bemühen. Bevor ich zu verenden beginne, bin ich längst wieder vereint, und so habe ich mir das Unendliche mit Lao-Tse untermauert und mich vorzeitig und frühzeitig mit meinem Staubkörnchen abgefunden, denn ich habe mich von Kindheit an mit Feuer getauft, ich bin gebrannt in einer Taufe mit geweihtem Wasser, jedes Wasser ist geweiht, weil es von Orten kommt, die von den Menschen gemieden werden. Seit meiner Kindheit liebe ich den Duft der Erde, seit meiner Kindheit verstehe ich das mystische Aufkeimen, seit meiner Kindheit liebe ich die Luft, ich schließe die Augen halb, als streichelte mich jemand aus einer höheren Welt mit duftendem Frauen-haar ...

Bohumil Hrabal
und Susanna Roth
mit Siegfried Unseld,
Frankfurt am Main,
1994

Bohumil Hrabal
mit Susanna Roth

Susanna Roth
Ein unverdientes Ende

Zu Bohumil Hrabals nicht mehr erlebtem
83. Geburtstag

»Wahrscheinlich wird die Tatsache für immer am tschechischen Volke haftenbleiben, daß es seine bedeutendste Schriftstellerin in Armut und Elend hat zugrunde gehen lassen.« Diesen Satz schrieb Karolina Svetlá 1862 kurz nach Božena Němcovás pompösem Prager Begräbnis über ihre Freundin und Dichterkollegin. Ich weiß nicht, weshalb er in Zusammenhang mit Bohumil Hrabals plötzlichem Tod vor mir aufgetaucht ist. Doch auf einen zweiten Blick gibt es Gemeinsamkeiten zwischen den so unterschiedlichen Schicksalen: beide Künstler, von den einfachen Menschen verehrt und von den Machthabern geächtet, waren schon zu Lebzeiten Legenden, doch als Krankheit und Einsamkeit ihr Dasein bestimmten und ihre Schaffenskräfte lähmten, zog sich der Großteil der Gesellschaft lieber von ihnen zurück.

Seit den frühesten Texten waren Tod und Selbstmord Themen in Bohumil Hrabals literarischem Werk. Und er hatte mit ihnen zu kämpfen – neben politischen Anspielungen, Erotik oder Sex und sogenannten sprachlichen Vulgarismen waren sie Steine des Anstoßes im Kampf gegen die Zensur. Wollte er im Sozialismus publizieren, durften seine (Anti)helden nicht von eigener Hand sterben – vgl. die Unterschiede zwischen der »Kainslegende« und der »Reise nach Sondervorschrift, Zuglauf überwacht« wie auch die verschiedenen Fassungen des Endes von »Allzu laute Einsamkeit«. Das unnatürliche, freiwil-

97

lige Ende spielte jedoch nicht nur in der Literatur eine bedeutsame Rolle. 1969 nahm sich zum Beispiel Hrabals Freund, der »sanfte Barbar« Vladímir Boudník, das Leben. Und einige Schriftsteller bewunderte der böhmische Dichter gerade auch dafür, daß sie ihrem Leben selbst ein Ende gesetzt hatten. Wladimir Majakowskij und den über alles geliebten Sergej Jessenin, dessen Verse er auswendig kannte und immer wieder rezitierte. Weiter waren es René Crevel und Jacques Vaché, Stefan Zweig und Ernest Hemingway – und noch im vergangenen November, auf seiner letzten Reise, besuchte er in Berlin-Wannsee Heinrich von Kleists Grab.

Oft hat Hrabal in letzter Zeit hervorgehoben, daß das Schreiben für ihn eine Art Schutz vor dem Selbstmord sei – die letzten drei Jahre hat er fast nichts mehr geschrieben. (»Was ich tun wollte, habe ich getan, und für mehr reicht es nicht.«) Ich stelle ihn mir vor in jener anderen Welt, in der er schon so lange zu sein wünschte, wenngleich er das Leben trotz allem liebte, kreise doch an seinem Himmel um jedes Nein ein großes Ja. Nun hat er endlich Ruhe von allem, was ihn quälte. Eines aber wird ihn meiner Meinung nach ordentlich ärgern: so lange hatte er über seinen Selbstmord gesprochen, so oft über ihn geschrieben und bedauert, daß er selbst, im Unterschied zu seinen »Vorbildern«, die notwendige Kraft dazu nicht hatte. Und als er sie endlich fand und seine letzte Tat vollbrachte (die ihn in die Plejade der berühmten Selbstmörder einreiht, worauf er dort oben stolz sein wird), wurde diese mutige Handlung eines freien Geistes in Frage gestellt und als nahezu sanfte Taubenabsurdität interpretiert. Das Vorhandensein dieser »offiziellen Version«, die selbst im Wissen um die Wirklichkeit weiter wiederholt wird, erinnert an unlängst vergangene Zeiten.

Zu einem »Leben in der Wahrheit« (Havel) gehören auch (für wen eigentlich?) unangenehme Wahrheiten. Wahr ist nun allerdings, daß diese Erklärung Inhalt und Ton zahlreicher tschechischer und der meisten ausländischen Nekrologe beeinflußt hat: statt daß die Autoren tiefere Dimensionen reflektiert hätten, die sich unter der Oberfläche der komischen Baflertexte verbergen (oder zum Beispiel die Tragik im Leben eines großen Schriftstellers unseres Jahrhunderts), wurde über einen Engelsflug aus dem Fenster und über Tierliebe fabuliert. Auch dieser Umstand ein Beweis, daß der alte Hrabal – als Mensch wie auch als Künstler – in der Gesellschaft, in der er lebte, zuletzt nur noch von wenigen Menschen ernst genommen wurde. Daher vermutlich meine Assoziation mit Božena Němcová.

Ehe wir vor acht Jahren zu einer sechswöchigen Lesereise an amerikanische Universitäten aufbrachen – Hrabal hatte gerade »Die Zauberflöte« beendet –, erhielt ich folgenden Brief nach Wien:

Liebe Susanna,
Ich habe wieder eine Entzündung in den Fingern, mein Duputren, dementsprechend habe ich auch unterschrieben. Der Zeigefinger und der kleine Finger sind steif, so habe ich nur qualvoll zweihundertmal signiert. Meine Unterschrift sieht aus, als fahre ein Zug in einen Tunnel, in dem noch gearbeitet wird. Vielleicht ist das nicht skandalös. Wahrscheinlich muß ich die Hand nochmals operieren lassen, ich denke erst nach unserer Reise. Die Sehnen verkrümmen und lähmen meine Finger. Was tun? Sonst kann ich nicht schreiben. Etwas habe ich geschrieben, aber beispielsweise nur seit Montag haben mich am Vormittag zwei der Unseren und am Nachmittag zwei

Schweizer um Interviews gebeten. Ich habe abgelehnt, weil ich darüber Anfälle kriege. Ich bin nun wahrlich schon alt und habe alles geschrieben. Liege da wie ein weggeworfener Gegenstand, und das habe ich nicht verdient, ein solches Alter.

Ich grüße Dich und auch Hansi herzlich. Dann also auf Wiedersehn.

Mittwoch, Februar 89 in Kersko.

Es grüßt herzlich Euer Herr HrabalB

Bohumil Hrabal ist nicht tragisch verunglückt. Mir scheint vielmehr tragisch, daß, nachdem sein Werk in seiner Heimat lange Jahre zensuriert und in letzter Zeit von Kritik und Publikum praktisch ignoriert wurde, man nun auch noch seine Biographie zensuriert. Mit seinem Tod hat Bohumil Hrabal nämlich noch eine Aussage gemacht. Doch die wollte anscheinend niemand mehr hören.

Ein solches Alter hatte er vielleicht nicht verdient. Ein solches Ende gewiß nicht.

Siegfried Unseld
Letzter Hrabal-Besuch in Prag

11. Februar, Dienstag
Im Hotel erhalte ich »The Prague Post«. Auf der Vorder-
seite ein großes Farbporträt von Bohumil Hrabal, auf-
genommen in seiner Lieblingskneipe *U Zlatého Tygra*
(Zum Goldenen Tiger) im Dezember 1996. Die Über-
schrift (in der so typisch angelsächsischen Kürze) enthält
die Frage, die alle hier gestellt haben und die am häufig-
sten diskutiert worden ist:»Did Hrabal jump?« Die Mei-
nungen, auch der Freunde, sind geteilt. Die einen glauben an einen Unfall beim Taubenfüttern, die anderen
verweisen auf seine beständige Lebenslust und Lebens-
liebe. War seine Arthritis heilbar, oder hätte sie ihn an
den Rollstuhl gefesselt? War seine Depression, die ihn
zweifellos in diesen Krankenhaustagen überfallen hat,
auslösendes Moment für einen Selbstmord? Und jeder zitierte wohl jene Stelle aus seiner Erzählung *Die Zauberflöte*:»So oft wollte ich aus dem Fenster meines fünften
Stockes springen, nicht wegen all dem, was ich erzählt
habe... Als ich dann aber las, daß Franz Kafka aus dem
fünften Stock hatte springen wollen, dort, wo er gewohnt
hatte... und als ich las, daß auch Malte Laurids Brigge in
Paris im fünften Stock gewohnt hatte, als ich das von diesen Stockwerken erfuhr, da verschob ich meinen Sprung
aus dem Fenster.« Er hätte immer Schutzengel gehabt,
die ihn dann letztlich doch abgehalten hätten. Hrabals
Doktor, Pavel Dungl, Freund seit acht Jahren, sagte,
Hrabal hätte nicht um ein Zimmer im fünften Stock im
Bulovka-Hospital gebeten.

Wir hatten Zeit zu einem Spaziergang auf dem Altstädter Ring, dem »Herzen der Stadt«. Ich glaube, es gibt kein großes Ereignis in der Geschichte Prags, das diesen Ort nicht berührt hätte: Feierlichkeiten, Krönungszüge, Paraden, aber der Ring war auch Stätte grausamer Blutgerichte. Die herrlichen Villen und das schöne Rathaus mit der astronomischen Uhr, die schon fast 600 Jahre lang schlägt. Das Hus-Denkmal ist unübersehbar. Dann gingen wir ein kleines Stückchen den Königsweg, Pulverturm, die Brücken, die Brückengasse der Kleinseitner, herrliche kleine Gäßchen mit Häusern, die mit Zeichen und Namen versehen sind. Berühmte Architekten haben hier gewirkt. Die Nerudagasse, in der Mozart wohnte und schrieb. Natürlich konnte uns die tschechische Küche nicht entgehen, die ja noch massiver als die österreichische ist: saftige Braten, Gänse- und Entengerichte, die böhmischen Knödel und das Sauerkraut. Ich konnte beim Biertrinken ertappt werden.

Es war gut, daß Susanna Roth mir die Telefonnummer von Herrn Claudio Poeta gegeben hatte. Ich rief ihn an. Er war äußerst liebenswürdig, gab mir Tips und sagte mir auch, daß wir am Morgen zur Krematoriumsfeier einen bestimmten Seitenweg einschlagen müßten, um überhaupt hineinzukommen.

An diesem Dienstag strahlte Prag in einem fast überirdisch blauen Himmel. Die Dachzinnen der schönen Häuser stachen scharf gegen dieses Blau ab.

12. Februar, Aschermittwoch
Es regnete. In den Zeitungen ein Hinweis auf Ort und Datum der Einäscherung: 11 Uhr Great Funeral Home, Krematorium Strasnice, Vinhradskó 2254, Praha 10.

Als wir ankamen, stand eine große Menschenmenge vor der Tür des ziemlich scheußlichen Gebäudes. Wir nahmen dann den Seitenpfad in das Krematorium und fanden auch noch einen Platz. Hrabal hatte ja nur noch eine Schwägerin als Verwandte, die Frau eines früh verstorbenen Stiefbruders. So waren eigentlich nur Freunde vertreten. Kurz vor 11 Uhr wurden dann die Tore geöffnet, und die Leute, sprich: die Besucher des Goldenen Tigers, strömten herein. Es war bewegend. Es war schon ein Blumenmeer und ein Meer von Kränzen da, und nun kamen die alten wie jungen Leute und legten noch kleine Blumen nieder. Nach einiger Zeit öffnete sich der Vorhang. Eine Balustrade, wieder mit vielen Kränzen. Darunter zwei auffallend große Kränze, hinter denen sich der Sarg verbarg. Ich konnte es nicht entdecken: Waren es Rosen, waren es rosa Nelken? Beide Kränze stammten von *einer* Person, von Havel, in seiner Doppelfunktion als Staatsoberhaupt wie als Freund und Schriftstellerkollege, eine bedeutende Geste. Havel hat Hrabal mehrfach gewürdigt. Er hätte ihm »auch für unser Land« den Nobelpreis gegönnt. Nun aber kam das ziemlich Ungewöhnliche: ein kurzes Orgelspiel, und dann lief eine Kassette ab. Ich erfuhr, daß es eine Kassette aus dem Hause von Hrabal war, die man gefunden hat und die man jetzt Susanna Roth zur Erinnerung schenken möchte. Die Musik machte ich als Dvořák aus, vielleicht war es aber doch Mahler. Das ging zwanzig Minuten, dann sprach einer der engen Freunde von Hrabal, Frantisek Dvořák, ganz kurz: sein Redemanuskript umfaßte eineinhalb Seiten. Ich habe leider kein Wort verstanden, aber das Ganze wirkte sympathisch. Hier starb einer, den man liebte. Und dann das Sonderbare: Aus einer Ecke kamen drei Musikanten heraus, eine

Band von der Straße oder aus dem Goldenen Tiger. Waren es Zigeuner? Und sie spielten aus Billy Wilders Film *Loving Afternoon* den Text *Fascination*, der irgendwie von den Musikanten mit der *Lustigen Witwe* verbunden wurde. Für mich war es so, als erklängen hier die Melodien der *Lustigen Witwe*: »Ich habe heut' nacht getanzt, ich habe heut' nacht geliebt...« Die Band spielte noch, als der Sarg sich auf Schienen in Bewegung setzte. Unter den Klängen der *Lustigen Witwe* verschwand der Sarg im Hintergrund, und ein goldenes Tor schloß sich.

Es war alles ergreifend, traurig. Irgendwie veränderte sich in Prag etwas. Die Trauerveranstaltung im Krematorium war Sache der Schwägerin Hrabals und der Freunde. Danach lud das tschechische Kulturministerium in den Goldenen Tiger ein, und so betrat ich also wieder diesen Raum, von dem ich der Meinung war, es gebe ihn gar nicht mehr, und wo ich doch Hrabal zwei-, dreimal begegnet bin. Da er sich sofort füllte mit vorwiegend älteren Leuten, die alle Bier tranken, war wieder eine solche Baßerstimmung da. Das große Hrabal-Bild war mit schwarzen Fahnen umhangen. Immer wieder wurden die Hände zu ihm gehoben. Man stand auf, trank stehend das Bier, und doch war Hrabal nicht mehr da, der sonst die Wörter festgehalten hat, die in dieser feuchtwarmen Bierhöhle über den Krügen schweben.

Verleihung der
Ehrendoktorwürde
der Universität Padua,
1996

Zeittafel

1914
geboren am 28. März in Brünn als Sohn der Marie (Maryška) Kilianová. Lebt zunächst in der Familie der Großeltern Tomáš und Kateřina Kilian.

1917
Die Mutter heiratet Francin Hrabal, der Bohumil adoptiert. Die Familie zieht nach Polná, wo der Vater in der Brauerei arbeitet. Geburt des zweiten Sohns Slávek.

1920
Die Familie siedelt nach Nymburk um. Der Vater wird Verwalter der dortigen Brauerei, Bohumil besucht bis 1925 die Primarschule.

1924
Francins Bruder Josef (Pepin) kommt zu Besuch, um sein Leben lang bei der Familie zu bleiben.

1934
Abitur, nach einem Jahr Gymnasium in Brünn (1925-1926) und Absolvierung der Realschule in Nymburk (1926-1934).

1935
Beginn des Studiums der Rechtswissenschaften an der Prager Karlsuniversität. Besuch von Vorlesungen über Literatur, Kunst, Philosophie. – Schreibt seit der zweiten Hälfte der dreißiger Jahre Gedichte. Beginn der Freundschaft mit dem Dichter und Musiker Karel Marysko.

1939
Schließung sämtlicher tschechischer Hochschulen durch die deutsche Besatzungsmacht. Rückkehr nach Nymburk, der Vater ist inzwischen Direktor der Brauerei. Arbeit als Notariatsangestellter, dann Besuch einer Handelsschule in Prag.

1941-1945
Im Dienst der staatlichen Eisenbahn, in verschiedenen Stellungen.

1945
Inzwischen verschollenes »Manifest des Neopoetismus«, zusammen mit Karel Marysko.

1946
Promotion zum Doktor der Rechte.

1946-1947
Versicherungsagent der Prager Gewerbeversicherung. Zieht in die Libener Gasse Na Hrázi Nr. 24, an den »Damm zur Ewigkeit«, wo er bis 1973 wohnen wird, zeitweise mit seinem Freund Karel Marysko, von Herbst 1950 bis April 1952 mit dem Graphiker Vladimír Boudník, dem »Sanften Barbaren«.

1948
Infolge der Verstaatlichungen nach der kommunistischen Machtübernahme verliert der Vater seine Anstellung in der Brauerei. Hrabals erster Gedichtband *Ztracená ulička* (Verlorenes Gäßchen) wird aus demselben Grund nicht verlegt.

Motto:
»Ich will keine Gedenktafel,
und wenn, dann nur so,
daß Hunde daran pinkeln können.«
In den Jahren 1919-1947
lebte in der Nymburker Brauerei
der Schriftsteller
Bohumil Hrabal.
Nymburk, 21. Juni 1997

1947-1949
Arbeitet als Handelsreisender der Firma K.H. Klofanda, bis auch diese verstaatlicht wird. – Schreibt u.a. *Legenda o Kainovi* (Kainslegende), eine der Vorlagen für *Ostře sledované vlaky* (Reise nach Sondervorschrift, Zuglauf überwacht), und *Utrpění starého Werthera* (Die Leiden des alten Werther), die erste Fassung von *Taneční hodiny pro starší a pokročilé* (Tanzstunden für Erwachsene und Fortgeschrittene).

1949-1952
Langfristiger Brigadeeinsatz in den Poldi-Hütten, den Stahlwerken von Kladno, beendet durch einen schweren Arbeitsunfall. Lernt dort Vladimír Boudník kennen. Beginn der Freundschaft mit Egon Bondy.

1954-1958
Altpapierpacker der Rohstoff-Sammelstelle in der Spalená-Gasse in der Prager Neustadt. – Schreibt während dieser Zeit (seit den späten vierziger Jahren) viele der Texte, die, zum Teil stark umgearbeitet, in den Erzählbänden der sechziger Jahre publiziert werden.

1956
Jiří Kolář veranlaßt die Publikation der ersten beiden Erzählungen als bibliophile Ausgabe: *Hovory lidí* (Gespräche von Leuten).
Heirat mit Eliška Plevová.

1959-1962
Kulissenschieber und Statist im S.K. Neumann-Theater in Libeň. Die Publikation des Erzählbandes *Skřivánek na niti* (Eine Lerche am Faden), die wiederum Jiří Kolář durch-

gesetzt hatte, wird infolge des Skandals nach der Veröffentlichung von Josef Škvoreckýs *Zbabělci* (Feiglinge) eingestellt.

1963
Die erste Erzählsammlung *Perlička na dně* (Perlchen auf dem Grund) erscheint. Seit der Zeit ist Bohumil Hrabal als freischaffender Schriftsteller tätig.

Weitere Buchveröffentlichungen:
Pábitelé (Die Bafler) und *Taneční hodiny pro starší a pokročilé* (Tanzstunden für Erwachsene und Fortgeschrittene, 1964); *Ostře sledované vlaky* (Reise nach Sondervorschrift, Zuglauf überwacht) und *Inzerát na dům, ve kterém už nechci bydlet* (Inserat. Verkaufe Haus, in dem ich nicht mehr wohnen will, 1965); *Automat Svět* (Stehimbiß Welt, Auswahlband mit Collagen von Jiří Kolář, 1966); *Bohumil Hrabal uvádí* (Bohumil Hrabals Lesebuch, Anthologie) und *Toto město je ve společné péči obyvatel* (Diese Stadt steht in der gemeinsamen Obhut ihrer Bewohner, mit Photos von Miroslav Peterka, 1967); *Morytáty a legendy* (Moritaten und Legenden, 1968).

1965
Verfilmung von mehreren Erzählungen: *Ostře sledované vlaky* (Reise nach Sondervorschrift, Zuglauf überwacht – Jiří Menzel), *Perličky na dně* (Perlchen auf dem Grund – Jiří Menzel, Jan Němec, Evald Schorm, Věra Chytilová), *Fádní odpoledne* (Ein fader Nachmittag – Ivan Passer), *Sběrné surovosti* (Gesammelte Roheiten – Juraj Herz). Zahlreiche Texte werden fürs Theater adaptiert und an verschiedenen Bühnen aufgeführt.

1966
Tod des Vaters Francin.

1967
Tod des Onkels Pepin.

1968
Tod Vladimír Boudníks.
Tschechoslowakischer Staatspreis für Literatur. Nach der Besetzung des Landes durch die Truppen des Warschauer Paktes Publikationsverbot.

1969
Jiří Menzels Film *Skřivánci na nitích* (Lerchen an Fäden), nach Motiven aus *Inserat. Verkaufe Haus, in dem ich nicht mehr wohnen will*, wird nach der Fertigstellung konfisziert.

1970
Tod der Mutter Maryška.
Die beiden Bände *Domácí úkoly* (Hausaufgaben, Betrachtungen und Gespräche) und *Poupata* (Knospen, Text der Jahre 1938-1952, mit Illustrationen von Vladimír Boudník) werden eingestampft.
Kauf eines kleinen Hauses in der Waldsiedlung Kersko bei Nymburk. Seither verbringt Hrabal dort einen großen Teil seiner Zeit. Es entstehen zahlreiche Manuskripte, die später, mehr oder weniger stark abgeändert, publiziert werden:
Postřižiny (Die Schur, 1970); *Obsluhoval jsem anglického krále* (Ich habe den englischen König bedient, 1971); *Městečko, kde se zastavil čas* (Das Städtchen, in dem die Zeit stehenblieb); *Něžný barbar* (Der sanfte Barbar, 1973).

¹973
Hrabal und seine Frau geben die Wohnung Am Damm
zur Ewigkeit in Libeň auf und ziehen in einen Neubau
nach Prag-Kobylisy.

¹975
Ein Interview in der Wochenzeitung *Tvorba* bildet den
Auftakt zu erneuter offizieller Publikationstätigkeit.

1976
Schreibt *Příliš hlučná samota* (Allzu laute Einsamkeit).
Die Schur erscheint als erster Text nach 1968.
Weitere Buchveröffentlichungen:
Slavnosti sněženek (Schneeglöckchenfeste, 1978); *Krasos-
mutnění* (Schöntrauer) und *Každý den zázrak* (Jeden Tag
ein Wunder, Auswahlband, 1979); *Harlekýnovy milióny*
(Harlekins Millionen) und *Kluby poezie* (Poesieclubs,
1981); *Městečko u vody* (= Nymburker Trilogie: Die
Schur, Schöntrauer, Harlekins Millionen), *Domácí úkoly
z pilnosti* (Fleißaufgaben) und *Obsluhoval jsem anglického krále* (Ich habe den englischen König bedient) in der
halboffiziellen Edition Jazzpetit (1982); *Hovory lidí* (Gespräche von Leuten, Auswahlband, 1984); *Život bez smo-
kingu* (Ein Leben ohne Smoking, 1986); *Můj svět* (Meine
Welt, Auswahlband, 1989); *Příliš hlučná samota* (Allzu
laute Einsamkeit, 1989).

¹977
Seit diesem Jahr werden in der Tschechoslowakei wieder
mehrere Adaptationen von Hrabal-Texten an verschiedenen Theatern gespielt. Jiří Menzel verfilmt 1980 *Die
Schur*, 1983 *Schneeglöckchenfeste*.

1982-1985
Schreibt die autobiographische Trilogie *Svatby v domě* (Hochzeiten im Haus), die 1986-1987 in Toronto erscheint.

1987
Tod des Bruders Slávek.
Tod von Eliška Hrabalová.

1988
Die Gasse Am Damm in Libeň wird samt dem Haus, in dem Hrabal ein Vierteljahrhundert lang lebte, abgerissen.
Italienischer Literaturpreis für *Allzu laute Einsamkeit*.
Tod von Karel Marysko.

1996
Ehrendoktorwürde der Universität Padua.

1997
Tod von Bohumil Hrabal im Februar.

Quellenhinweise

Das große Fragezeichen des Wunderbaren: zuerst erschienen in: Hommage à Hrabal. Herausgegeben von Susanna Roth. Suhrkamp Verlag, Frankfurt am Main 1989

Wer ich bin (Kdo jsem) In: Pražská ironie, Manuskript, Kersko 1985. Der Beitrag wurde erheblich gekürzt. Aus dem Tschechischen von Susanna Roth. Erschienen in: Hommage à Hrabal. Herausgegeben von Susanna Roth. Suhrkamp Verlag, Frankfurt am Main 1989

Ein unverdientes Ende: deutsche Erstveröffentlichung, geschrieben im März 1997

Letzter Hrabal-Besuch in Prag: deutsche Erstveröffentlichung, geschrieben im Februar 1997

Bildhinweise

Seite 2: Hana Hamplová
Seite 15: Renate von Mangoldt
Seite 95: Reinhard Lohmiller
Seite 109: CTK/Czech News Agency

Alle übrigen Fotos stammen aus dem Archiv von Susanna Roth